コドモ

OKUNI

大正十年十二月八日第三種郵便物認可（毎月一回一日發行）
大正十五年五月三日印刷納本
大正十五年六月一日發行

第五巻
第六號

KODOMO
六月

京　社

東

Architectural and Spatial Works Designed for Children

子どものための建築と空間展

長澤 悟 監修
パナソニック 汐留ミュージアム＋
青森県立美術館 編

鹿島出版会

本書は、
下記の展覧会公式ブックとして刊行されました。

子どものための建築と空間展

［**東京会場**］
パナソニック 汐留ミュージアム
2019年1月12日（土）～3月24日（日）

主催:パナソニック 汐留ミュージアム、朝日新聞社
特別協力：クラレファスニング株式会社
後援:文部科学省、一般社団法人日本建築学会、公益社団法人日本建築家協会、
一般社団法人文教施設協会、港区教育委員会

［**青森会場**］
青森県立美術館
2019年7月27日（土）～9月8日（日）

主催:子どものための建築と空間展実行委員会
（東奥日報社、青森朝日放送、青森県観光連盟、青森県立美術館）
特別協力:クラレファスニング株式会社
協力:ちひろ美術館
後援:文部科学省、一般社団法人日本建築学会、
公益社団法人日本建築家協会、一般社団法人文教施設協会、
NHK青森放送局、青森ケーブルテレビ、
エフエム青森、青森県教育委員会

This book was published
on the occasion of the following exhibition,

Architectural and Spatial Works Designed for Children

[**Tokyo**]

Panasonic Shiodome Museum
January 12 – March 24, 2019

Organizers : Panasonic Shiodome Museum, The Asahi Shimbun
Special Cooperation : Kuraray Fastening Co.
Support : Ministry of Education, Culture, Sports, Science and Technology (MEXT),
Architectural Institute of Japan (AIJ), The Japan Institute of Architect,
Research Institute of Educational Facilities, Minato Ward Board of Education

[**Aomori**]

Aomori Museum of Art
July 27 – September 8, 2019

Organizers : Executive Committee for the Exhibition Architectural and
Spatial Works Designed for Children (The To-o Nippo Press Co.,Ltd,
Aomori Broadcasting Aomori, Aomori Prefectural Tourism Federation, Aomori Museum of Art)
Special Cooperation : Kuraray Fastening Co.
Cooperation : CHIHIRO ART MUSEUM
Support : Ministry of Education, Culture, Sports, Science and Technology (MEXT),
Architectural Institute of Japan (AIJ), The Japan Institute of Architect,
Research Institute of Educational Facilities,
Japan Broadcasting Corporation Aomori station, Aomori Cable Television,
Aomori FM Broadcasting Co. Ltd., Aomori Prefectural Board of Education

ごあいさつ

　私たちが子どものときに過ごした空間は、原風景として長く記憶に留まり、その後の私たちの生き方や考え方に与える影響は少なくありません。本展は、子どもたちの生活の中心となる学びの場・遊びの場としてつくられた建築と空間のなかから、日本の近代から現代までの時代のなかで試みられた先駆的かつ独創的なものを紹介する展覧会です。

　日本の近代教育は明治時代の幕開けとともに始動し、それに伴い学校の建設も始まりました。地域の人々の尽力によって建てられた明治時代の学校、様々な教育のあり方が模索された大正時代の学校、新しい時代の到来とともに生まれた戦後の学校、個性や多様性を尊重する教育のあり方に呼応しつくられた一九七〇年代以降の学校、そして、単なる「教育施設」ではない存在として見直されはじめた現代の学校など、学校は、時代の流れのなかでさまざまに変遷し、子どもたちの活動を受け止めてきました。一方、幼稚園・保育園、学校以外の遊び場や児童館、図書館といった子どもたちの居場所でも、子どもたちとの関わりの中でユニークな取り組みが行われています。

本展では、歴史的に重要な作品すべてを網羅することは叶いませんが、その歴史の一端を作り手と使い手の両方に着目しながらご覧いただきたいと思います。

子どものための建築と空間、玩具、本、生活用品……子どものためにつくられ享受されるあらゆるものは、人間が生きていくうえでの最も重要な骨格になるといっても過言ではないでしょう。社会のあり方が大きく変化する現代、子どもたちを取り巻く環境にも多くの課題が生まれています。本展がこれからの子どもたちが育つ環境づくりのインスピレーションとなれば幸いです。

最後になりましたが、本展覧会の開催にあたり、ご支援ご協力を賜りました関係各位に厚く御礼申し上げます。

主催者

謝辞

本展の開催にあたり、下記の方々と関係諸機関に多大な協力を賜りました。記して深く感謝の意を表します。また、お名前を載せることができなかった皆様にもこの場を借りて厚く御礼申し上げます。（敬称略、五十音順）

アーハウス編集部
青木淳建築計画事務所
青森県立図書館
青森県近代文学館
昭島すみれ幼稚園
株式会社アーキテクトファイブ
認定こども園阿久根めぐみこども園
朝日町教育委員会
阿智村立浪合小学校
荒川修作＋マドリン・ギンズ東京事務所
有限会社アルコプランニング
いるか設計集団
イルフ童画館
内田学園七沢希望の丘初等学校
社会福祉法人江原恵明会
大阪市教育委員会
大阪市立愛珠幼稚園
大阪府立中央図書館　国際児童文学館
小沢明建築研究室
株式会社大谷研究室
お茶の水女子大学附属幼稚園
加藤学園暁秀初等学校
金山町教育委員会
金山町立明安小学校
株式会社環境デザイン研究所
株式会社教育環境研究所
京都市学校歴史博物館
草野建築設計事務所
公文教育研究会
倉敷市教育委員会
クラレファスニング株式会社
黒石市教育委員会
慶應義塾大学アート・センター
慶應義塾福澤研究センター
慶松幼稚園
株式会社剣持デザイン研究所
株式会社こぐま社
国立近現代建築資料館
国立昭和記念公園
こどもの国
駒瀬印刷所
ＮＰＯ法人これからの建築を考える 伊東建築塾
SUPPOSE DESIGN OFFICE
株式会社サムライ
サレジオ小学校
三康文化研究所付属三康図書館
資生堂企業資料館
七戸町立城南小学校
七戸町教育委員会
学校法人自由学園
自由学園明日館
株式会社情報建築
株式会社シーラカンスアンドアソシエイツ
シーラカンスＫ＆Ｈ株式会社
新宿区立西戸山小学校
成城学園
象設計集団
高野ランドスケーププランニング株式会社
竹の友幼児園
玉川大学教育博物館
タラオ・ヒイロ・アーキテクツ
千葉市立打瀬小学校
ちひろ美術館
中央区立常盤小学校
公益財団法人彫刻の森芸術文化財団
株式会社手塚建築研究所
東京家政大学博物館
東京子ども図書館
東京大学大学院法学政治学研究科附属近代日本法政史料センター明治新聞雑誌文庫
東京都江戸東京博物館
公益財団法人 東京都公園協会
東京都写真美術館
東京都立中央図書館
一般社団法人ＴＯＫＹＯＰＬＡＹ

豊岡市立弘道小学校
株式会社内藤設計
株式会社中村勉総合計画事務所
那覇市立城西小学校
株式会社難波和彦・界工作舎
西脇市
西脇市立西脇小学校
日本近代文学館
日本女子大学附属豊明小学校
萩市立明倫小学校
萩博物館
萩・明倫学舎
原広司＋アトリエ・ファイ建築研究所
橋本市教育委員会
橋本市立高野口小学校
ハバタク株式会社
東浦町立緒川小学校
東松島市立宮野森小学校
日比野設計＋幼児の城
日野市立図書館
藤江和子アトリエ
藤木隆男建築研究所
婦人之友社
ＮＰＯ法人ふれあいの家―おばちゃんち
株式会社フレーベル館
プロセスアート
株式会社プロテック
株式会社槇総合計画事務所
松崎町教育委員会
松崎町振興公社
松本市立博物館
松本市立博物館分館　重要文化財旧開智学校校舎
みくに龍翔館
三島市郷土資料館
御杖村立御杖小学校
株式会社三越伊勢丹ホールディングス
宮代町立笠原小学校
学校法人みんなのひろば　ふじようちえん
目黒区立宮前小学校
モエレ沼公園
株式会社安井建築設計事務所
八幡浜市教育委員会
学校法人ゆかり文化幼稚園
弥生美術館
横浜市教育委員会
横浜市立本町小学校
若竹の園

赤羽旗一
赤羽研三
赤羽大四郎
足立裕司
飯田健一
上野淳
内井亜由子
内井乃生
内田道子
小川信子
加藤 瑞穂
金氏徹平
川口健一
川島智生
菊竹三訓
菊竹雪
木田三保
小島弘子
齋藤啓子
佐藤英和
島田安彦
杉山真紀子
スミス睦子
瀬川盈子
田畑貞壽
戸舘榮一
豊川斎赫
成田カイリ
西巻芽子
西山貞子
花田佳明
馬場歌子
福田則子
福村俊治
前田哲明
村井久美
村山治江
毛利暢子
吉田星彦
吉原眞一郎
脇田 智

目次

子どものための建築と空間を考える

長澤悟

生物学者の福岡伸一氏がエッセイで「なぜヒトにだけ長い子ども時代があるのか。その期間にあることで子どもにだけ許されていることは何か」と書かれている（「長い子ども時代がある理由」『飛ぶ教室』第五四号、光村図書、二〇一八年夏）。氏自身の答えを要約すると、子どもの特権とは遊びであり、遊びは闘争をゲームに、競争を友好に、警戒を探検や好奇心に、現実を空想に置き換えることが許される。遊びのなかで学び、試し、気づく。これが脳を鍛え、智恵を育むことにつながったと仮説として述べている。様々な場面や状況に対する行動のとり方や行動の結果について、致命的、破滅的に陥ることなく体験、体感し、それを通して世の中の成り立ちやルールを理解し、他者との違いや協働の大切さを知り、工夫の仕方、生きる知恵、感覚を身につけていく。確かに人間が占めている〝万物の長〟としての位置は、子ども時代の遊びを通じて、社会の仕組みを知り、多様かつ変化する状況に応じて柔軟に考え、最適な行動がとれるようになることにより獲得してきたものと言えるだろう。

一方、社会学者の田中優子氏は、その著書『カムイ伝講義』（ちくま文庫、二〇一四年）のなかで、子どもの成長について期待されることとして簡略化すると次のように述べている。「子どもは社会の中で一人前になることが期待される。一人前とは労働力とみなされることであり、幼い間は遊びの一環として大人の行為を真似、年長の子供に倣い、少しずつ生きる技術を身に付けていく。遊びにはその要素として楽しみや喜びが伴い、遊びには相手が必要となり、子供同士で遊ぶようになる。そして子供は自分たちだけで面白く遊べるように仕込まれている」。遊びは子どもの学習手段であり、子どもの発達と社会化を助ける意味深いプロセスと言える。

このように子どもというもの、またその成長と遊びの関係を捉えるとき、子どもが多様な遊びを生み出せる社会的、物理的環境の重要性が改めて感じられる。幼稚園教育要領には、環境を通して行う教育であることを基本とし、幼児期にふさわしい生活が展開されること、遊びを通して教育の狙いが達成できるようにすることが目標として明記され、健康・環境・人間関係・言葉・表現の五領域が示されている。多様な遊びを生み出し保証するのは子どもたちを取り巻く環境であり空間である。その豊かさとは選択性と多様性にあると言えるだろう。子どものための空間とは、子ども自身が遊びを発見したり生み出したりできる空間であり、それをより豊かに大人（社会）が用意することが子どものための空間のデザインと言える。それには空間を構成する遊具や道具など身の回りのものが含まれる。よいデザインとは子どもに楽しみや喜びをもたらすとともに遊びを生み出す力となる。

子どものための建築

一方、子どもの建築というとまず学校が思い浮かぶのではないだろうか[2]。時代的、社会的背景のなかで、幼稚園を含め、学校は遊びの空間、時間を制度として、確保する場として捉えることができる。

私は長らく各地の学校づくりに関わってきたが、はじめにどのような学校にしたいかという議論を通して、理念、目標を共有するようにしている。参加した人々から「子どもの夢の育つ学校、そのためには教師の夢の育つ学校、そして地域の夢の育つ学校」「知らなかったこと知る喜び、わからなかったことがわかる嬉しさ、できなかったことができるようになる楽しさを実感できる学校」「学校は生きる喜びを育てる場」などの言葉を聞いてきた。それぞれの学校観をよく表していると感じた。

東日本大震災の後、新聞の報道写真に写る子どもたちの表情は連日辛いものだった。初めて見た笑顔の写真が、津波被害を受けて崩壊した市街地を背にして、再開される学校に友達同士連れ立って椅子を運ぶ子どもの笑顔だったのを覚えている。学校は「明日また行きたいところ」「明日また友達に会える場所」なのである。そういう意味でいじめや不登校にはいっそうそのむごさを感じる。人間関係を背景として、自分の居場所がない、見つけられないということがその理由になっている場合も多い。学校建築には、学びやすい、教えやすいというだけでなく、それに心地をつけて学び心地がよい、教え心地がよい、居心地がよい空間、居場所づくりがそのデザインに求められる。

東日本大震災の学校復興で、みんな被災者でもある地域の人々と話し合いを重ねていた時、「「子供」と書いてみらいと読む。「未来」と書いてこどもと読む」という言葉が自然に出てきた。最初は辛い表情をしていた人たちが、子どものこと、学校のことについて話し合いの回数を重ねる間に、顔が上を向き、声も元気になる。よそに避難していた人々が住む場所を決めるのは、学校の位置が定まり、その姿が見えたと思った時だという話もよく聞いた。

学校建築を主軸に考える

子ども、遊び、学校、そのための空間の捉え方やあり方は、時代とともに変わる。空間や建築には、大人や社会から見た子どもの捉え方や子どもへの期待感が、それが設けられた時代背景とともに表されている。

本展では、テーマやキーワードをもとにするのではなく、明治以来の時間の流れのなかでクロニクルとして子どものための建築と空間を追っている。その時間軸として特に小学校建築の変遷を置いている。学校建築はその時代の国の教育観、地域の学校、親の、広くは子ども観を体現するかたちで変化しているからである。それぞれの時代、社会状況に対して、子どものための遊び場、図書館、児童館、保育園・幼稚園などの建築や空間と、遊びや学びを中心とするその空間を構成する図書、教材教具、道具や家具、生活用具などのデザインが子どもを対象として何を、どのように表現し、提案してきたか概観することができるだろう。

ここでは学校建築の変遷を五つの時代に分け、その時代を画した、あるいは代表すると思われる学校建築を選んでいる。

「子どもの場の夜明け」となるのが明治の学制発布である。国は列強に追いつくため、地域はその発展を支える人材育成のため、親は子どもの立身出世のためと、目的に違いはあったが学校での教育に対する期待は大きかった。一方、学校に働き手である子どもを取られるという思いもあった。いずれにしても、学校、学校教育に対する期待の大きさが、豊かな意匠として表されたのが、初期の擬洋風校舎である。その建設に込められた思いは、今も各地で文化財として大事に残された校舎を通して伝わってくる。明治中期以降になると、全国一律の定型化が進むことになる。しかし、玄関まわりの構えなどに当初の思いは伝わった。

学校建築は一九二〇年代から一九三〇年代前半にかけ、大正期の児童中心主義の教育により拡充期を迎える。子どもの興味や感動を大切にし、自由で生き生きした教育を創造しようとする動きが盛んになった。小学校の教室は子どもたちの生活の場、自ら表現する場として捉えられ、学級文庫や背面の小黒板などが設置されるようになる。今日見慣れた教室風景の誕生である。また様々な実習活動の場として特別教室が充実した。自由主義教育や女子教育の普及を目指す新教育運動により、多くの私立小学校がこの時代に数多く生まれている。「子どもの世界の発見」である。新たな子ども観が学校建築の新しい姿をもたらした。

戦時を経て、学校建築にも「新しい時代の到来」となる。まずは戦災復興、新制中学校の発足、児童生徒数の急増、不燃化などに対して量的整備が必要とされ、そのためにＲＣ造校舎の標準設計が開発された。これは、以後の校舎の画一化を招くもとともなったが、最初に建設されたモデル校舎には、プレイルームなどそれまでなかった子どもの空間が埋め込まれていた。標準設計に対して異彩を放つ円形校舎が一九五〇年代に多数建設された。これはコストや面積の制約のなかで、教育空間を確保しようとするものであった。また、鉄骨造校舎の開発も行われ、そのモデル校舎の計画では、戦後のダルトン・プランによる児童の主体性を生かした教育実践を踏まえて、机の並べ替えなどがしやすい正方形の形やロッカーを前室に置くなどの計画的提案がなされた。明治以来の定型を破ろうとする試みとして評価でき、厳しい状況のなかで学校建築の改善に懸けた当時の人々の思いが伝わってくる。フィンガープランやクラスター型平面など、教室の延長として外部空間を取り込んだ計画例も生まれるようになった。

量的整備に追われ、学校建築は画一化が進んだが、それは社会では都市化の進行に対して、子どもの遊び場の確保が課題とされるようになった時代でもある。遊園地や児童遊園が生まれ、「子どもたちの夢の世界を築く」動きが徐々にではあるが蠢動を始める。

画一化した学校建築が変化を始めたのは一九七〇年代である。一斉授業一辺倒の教育の反省と個を大切にする教育の動きが始まる。アメリカのオープンスクールの紹介と併せ、チーム・ティーチングによる多様な教育方法や、弾力的な学習形態に対応できるフレキシブルな教育空間の実現が課題となった。その嚆矢となった加藤学園暁秀初等学校は、変化のある空間構成、カラフルなインテリアデザイン、多様な家具により、学校建築の新たな可能性を切り拓いた。その後、教室にオープンスペースを組み合わせた先進校が各地に誕生するようになり、そこでの多様な教育展開と成果が、学校の建築に「多様化と個性化の時代」を到来させた。教室以外にも広い空間があり、学習、集まり、発表、遊びなどの多様な活動の場が用意された。

同時に、小学校は教育の場であるばかりでなく、子どもが心身ともに大きく成長する時期に、住宅と並んで長い時間を過ごす生活の場として捉えられるようになった。リズムのある学校生活が送れ、一人で気持ちを立て直す、友達とおしゃべりする、少人数や大勢で集まるなど、その時々でふさわしい場所が選べ、見つけられるようにと、デンと呼ぶ隠れ家的な空間、大階段、吹き抜け空間などが設けられるようになった。また、食事、トイレ、流しなどの生活行為のための場を居心地よくする取り組みも進んだ。

一九八〇年代半ばからは木造校舎が復活するなど木材の積極的な活用が進められるようになった。特に製材を生かした構法は、子どもに合った小さなスケールの場を生み出し、木の温かみが感じられ、子どもに優しい空間というものを再認識させた。

今、そしてこれからの子どもたちへ

一九八〇年代後半以降、学校建築は教育機能の充実、生活の場としての豊かさ、地域との連携、情報化など、多様な課題に対して対応が求められるようになった。また、学校建築の設計に建築家が関わるようになり、学校づくりのプロセスに教職員や地域の人々の参画が進むと、学校の教育目標や地域の特色を生かした特色ある学校建築が各地に実現するようになった。

子ども観を表す建築・空間

「遊びをせむとや生まれけむ戯《たはぶ》れせむとや生まれけん 遊ぶ子供の声きけば 我が身さえこそ動《ゆる》がるれ」（『梁塵秘抄』巻二 四句神歌）。無邪気に遊んでいる子どもの声を聞くと、子どもの心に返って大人である私の身体まで思わず動き出してしまいそうだと詠んだものである。大人にとって子どもの遊びを見るのは楽しい。そして、子どものためにデザインされたものを見るのは喜びや懐かしさの感情を引き起こす。大人になって失っていたものを思い起こし、感性が刺激される。誰にも子ども時代があるからだ。

遊びのためのデザインには、遊びに関わろうとする大人の思いが投影される。子どもは大人にとってかけがえのない存在である。

自分自身の喜びや、子どもに対する想いや、子どもへの期待が表現となり、形となり、場となる。

この展覧会を通して、子どものための空間や建築のデザインに関わった人々、それを生み出した時代や社会、遊びのための環境の用意の仕方、それへの大人、あるいは作者、デザイナー、設計者たちの視点や関わり方について感じとっていただきたい。それをもとに学校観や子ども観を確かめ直すことができるだろう。

展示されている各作品には最初に紹介した「なぜ長い子ども時代があるのか」という問いに対する時代ごとの、また時代を超えた幅広い視点からの答、あるいはその答を考えるヒントが用意されているはずである。しかし、まずは楽しむことが大切かもしれない。

これからの子どもたちへ

今日、子どもの貧困、DV、子ども食堂、学校統廃合、子育て施設の不足、その設置に対する反対など、地域のなかに子どもの場所が失われていると感じさせられる状況がある。子どもが未来を拓く存在であることを思い起こし、子どものための空間・建築の創造に注がれた先人の思いを知ることを通じて、子どもが豊かに育つことのできる社会のあり方まで問い直す機会となることができるのではないか。鑑賞者としてだけでなく、子どものための環境をつくり、支える主体として見ていただきたいと願っている。

■ 凡例

- 本カタログは展覧会の内容に基づいて構成されている。
- 各セクションの扉の解説は、第1、2、インターミッション章は板倉容子（青森県立美術館）が、第3、4、5章は大村理恵子（パナソニック 汐留ミュージアム）が執筆した。
- カタログの作品は会場構成に対応しており、各作品に付した番号と図版に付した名称は出品資料リストと一致する。ただしカタログに掲載されていない資料や図版もあり、それらは出品資料リストに＊を付した。

  アルファベットは、見開きページ内での図版位置と、出品資料の名称を照合する。
- 年号は建築と空間の場合は竣工年を、作品資料の場合は制作年・出版年を表す。
- 引用の出典は272～273ページに詳細を記した。
- 出品資料の詳細情報については、巻末の「出品資料リスト」に記載した。

第1章

子どもの場の夜明け

明治時代

自今以後一般の人民華士族農工商及婦女子必ず邑に不学の戸なく、家に不学の人なからしめん事を期す

一八七二（明治五）年八月、日本で初めて近代的学校制度を定めた基本法令「学制」が発布された。明治維新以後、西洋列強の進出のなかで、富国強兵を図るためには国民の知的水準の向上が急務だと考えた明治政府は、基礎教育を行うための小学校の設立・普及に努め、五年後の一八七七（明治一〇）年には全国で二万五〇〇〇校にのぼる小学校が開校されたともいわれている。当時、学校建設費などは国民負担であったため、当初は寺子屋や寺院等を転用して開校した小学校も多かったが、地域住民の尽力によって新築の校舎が次々と建設されるようになった。この時代の小学校建築は、和風と擬洋風のスタイルに大別することができるが、初期の頃には、塔屋やバルコニーなどに洋風様式を取り入れた擬洋風が多く建設された。松本市に現存する旧開智学校の校舎はその代表例とされる。一方、入母屋造や唐破風の屋根をもち、高塀等が配された「御殿風」とも称される和風様式の校舎も、特に明治中期頃から数多く建てられたが、いずれの場合においても、この時代、小学校の校舎は地域社会のシンボル的な存在であった。

その後、文部省より一八九一（明治二四）年に『小学校設備準則』が、続く一八九五（明治二八）年に『学校建築図説明及設計大要』が公布さ

龍翔小学校
1879（明治12）年竣工
設計：柳自知
写真提供：みくに龍翔館

れ、教室の標準的な大きさや片廊下型平面図の推奨、運動場の位置選定など環境衛生面に配慮した具体的な配置計画などが提示されると、これに沿ったかたちで学校建築の定型が定まり、その後、戦後に至るまで一〇〇年以上にわたり、この原型プランが学校建築において受け継がれていくこととなった。

そして、この時代、子どもたちを取り巻く生活環境も、こうした学校の誕生によって大きく変化していった。学校では、欧米を参考に、伝統的な木版などにより制作された教材などを導入し、教科に沿って行う一斉授業スタイルが確立され、西洋から導入された新しい教科として体操、音楽の授業も開始された。そのほか、幻灯機などの新しい視覚装置や子どものための絵本、そして動物園などの新しい観光施設なども登場し、子どもたちの心を惹きつけた。

一方、幼児教育においても欧米教育の導入を図っていた政府は、一八七六（明治九）年一月に保育書『幼稚園』（桑田親五訳、稲垣千穎・那珂通高・飯島半十郎校訂）を文部省より刊行し、同年一一月には日本で最初の国立幼稚園である東京女子師範学校附属幼稚園（現在のお茶の水女子大学附属幼稚園）を開設。同園をはじめ、同時期に開園した各地の幼稚園では、『幼稚園』においても紹介されたドイツのフリードリヒ・フレーベル考案の幼児用の教育玩具、恩物（ガーベ［Gabe＝賜物］の訳）が保育のなかで積極的に用いられた。

明治時代に建てられたもう一つの擬洋風建築

一八七九（明治一二）年、福井県三国の町に高さ三〇メートルを超える巨大な小学校が誕生した。三校の小学校が統合して生まれた龍翔小学校の校舎で、生徒数約一三〇〇人の大規模校であった。三国は、江戸時代より北前船の寄港地として栄えた湊町であったが、明治時代に入ってもその繁栄は続き、地元の豊かな経済力を背景に建てられた校舎は、木造でありながら五階建てかつ八角形、色ガラスがきらめき、中央部にはこうもり傘と呼ばれたドーム状の塔が立つという他に類例を見ない個性的な建物であった。こうもり傘の最上階教室は八面が窓になっており、子どもたちは休み時間になると窓際をぐるぐるかけ回って遊んだという。設計には大阪の建築技術者、柳自知が携わったが、当時、三国に滞在していたオランダ人土木技師、ジョージ・アーノルド・エッセル（〝だまし絵〟で知られる版画家、マウリッツ・コルネリス・エッシャーの父）も関わっていたといわれている。

町のシンボルともいうべき校舎であったが、明治末から大正初めの度重なる暴風雨により校舎は大きく破損、一九一四（大正三）年に校舎はその役割を終え、解体された。現在は、この校舎を復元した博物館「みくに龍翔館」としてその姿をとどめている。

上京二十八区小学校（後の龍池小学校）［1］
設計：佐々木岩次郎
1876（明治9）年

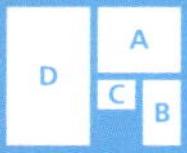

旧開智学校［2］
設計：立石清重／1876（明治9）年
A：講堂が音楽室となっていた頃
B：1階廊下照明
C：校舎外観
D：八角塔屋と車寄

開智学校

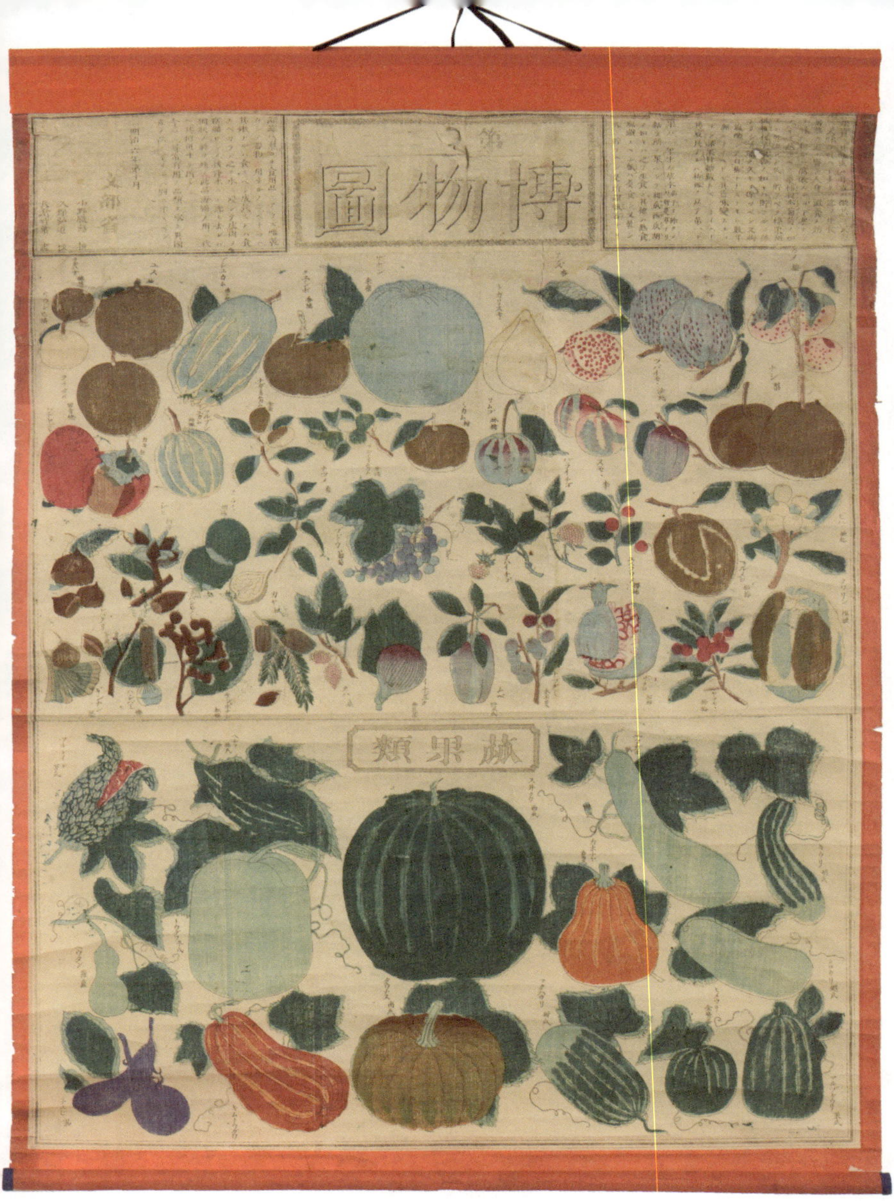

博物図 第二［4］
撰：小野職愨、画：長谷川竹葉
1873（明治6）年

A

B

岩科学校[3]
設計：菊地丑太郎、高木久五郎
1880(明治13)年
A：正面外観　B：客室「鶴の間」

幼稚園の儀は児輩の為良教師をして
専ら扶育誘導せしめ
遊戯中不知不知就学の階梯に就かしむるもの
（幼稚園とは教師に扶育誘導を受けながら遊ぶことで教育の基礎ができる）
——田中不二麿

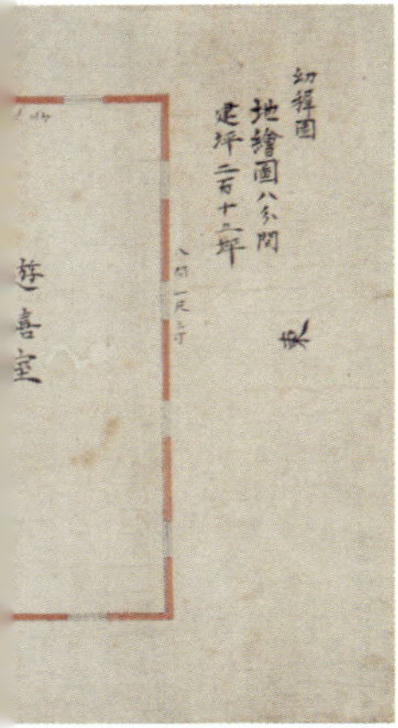

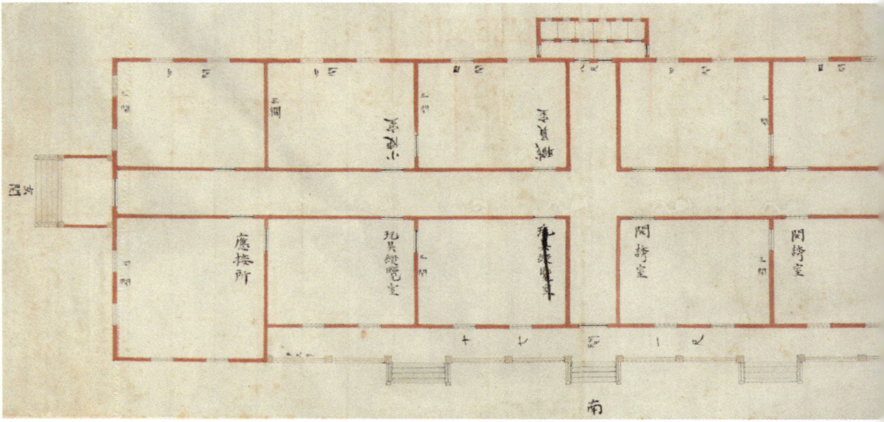

東京女子師範学校附属幼稚園（現・お茶の水女子大附属幼稚園）［12］
開園：1876（明治9）年

A：お茶の水女子大学附属幼稚園　園児椅子　B：絵地図　創設の設計図（同園監事　小西信八氏より）
C：屋外保育風景（明治時代）　D：開園当時の園舎

「主人花を愛すること、
珠を愛するが如し」とて
幼な子もまた
掌中の珠として愛するとの意である。

——園名の由来　漢学者　藤沢南岳　選

愛珠幼稚園（**現・大阪市立愛珠幼稚園**）［13］
設計：中村竹松／1901（明治34）年
A：廊下からみた遊戯室（1980年頃）
B：遊戯室で遊ぶ子どもたち（明治時代末頃）
C：園舎（1980年頃）
D：家庭室で食事の作法（明治時代末～大正時代初頭頃）

灯機［6］
治時代

種板［7］
明治時代

幼学べんきょうづくし［33］
四代歌川国政／明治時代

訓童小学校教導之図（部分）［29］
亭夏良／1874（明治7）年

小學校教導之圖
第三
單語圖
師範學校
桃
蜜柑
茄子
筍
蓮根
栗
柘榴
大角豆
蕈
薑
梨
葡萄
黄瓜
大根
芋
柿
枇杷
カボチャ
牛房
檎
稲
水瓜
蕪菜
葱
連語圖
連語
池之端仲町通り
伊勢屋利兵衛板

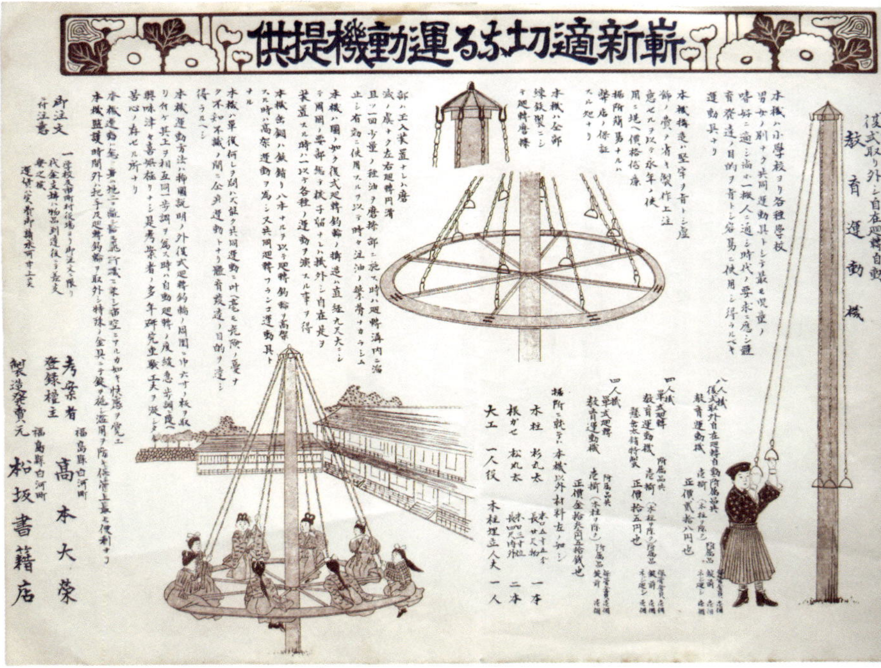

A

B

体操用具
A：教育運動機広告［8］
明治時代
B：唖鈴《あれい》［9］
明治時代

［右］**学校体操運動図（部分）**［30／3
歌川国利／1886（明治19）年

A

フリードリヒ・フレーベル考案教育玩具
大正〜昭和時代初期
A：第一恩物　六球法〔14〕　B：第二恩物　三体法〔15〕　C：第七恩物　置板法〔20〕

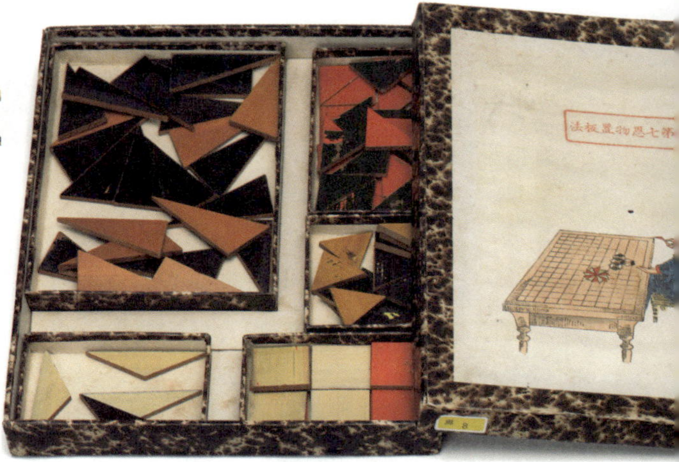

C

B

さあ、われわれの子どもたちに
生きようではないか！

――フリードリヒ・フレーベル

必要なのは、
子供の生命の原動力である魂の内部で
うとうとしている人間を、
いかにして呼び覚ますかと
いうことなのです。

——マリア・モンテッソーリ

A

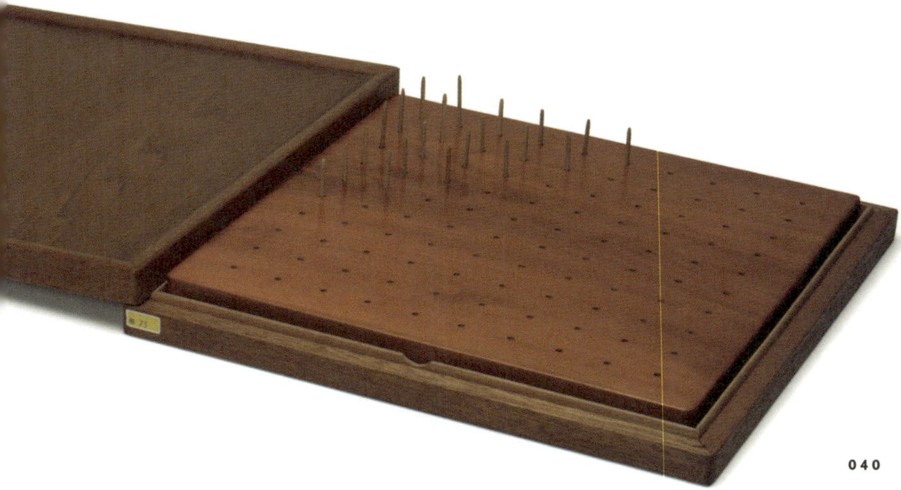

C

B

マリア・モンテッソーリ考案教具

大正時代以降

A：木製五彩球［24］

B：棒さし［25］

C：長段［26］

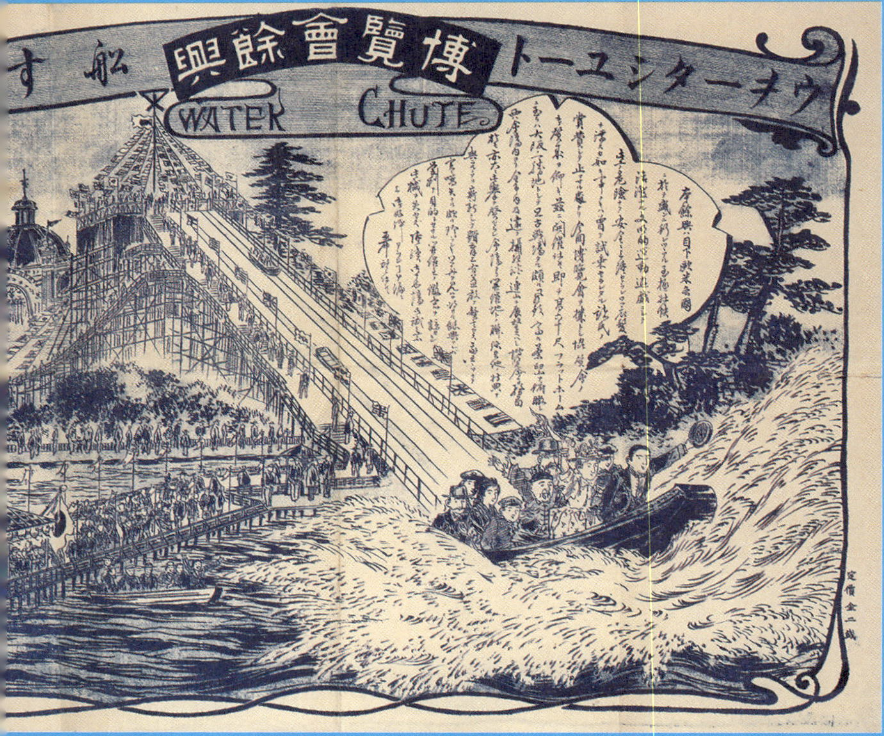

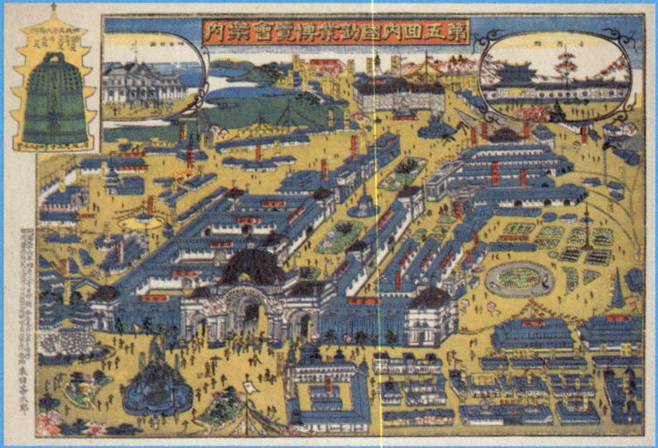

C A
D B

第五回内国勧業博覧会［38/39/40］
1903（明治36）年
A：ウオーターシュートちらし
（博覧会余興舩すべり）
発行：広田米七／1903（明治36）年
B：博覧会案内
発行：来田甚太郎／1903（明治36）年
C：『風俗画報臨時増刊号 上』表紙
発行：東陽堂／1903（明治36）年
D：同号より「快回機」

場内余興の中にて、
装置の広大にして、趣向の斬新なるは、
ウオーターシュートなるべし。

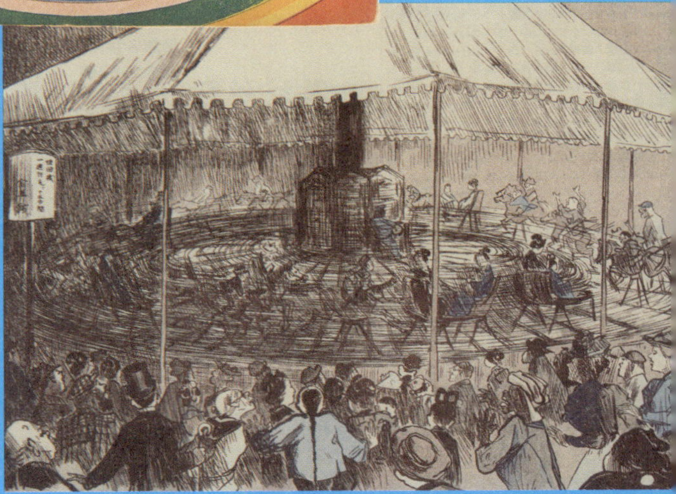

C A
D B

こども博覧会（京都）絵葉書（9枚組）[42]
1906（明治39）年10月
A：象に乗る子どもたち
B：雄略帝ノ朝小子部達
C：古代人形
D：各地祭礼人形

古代人形
木目込人形 一
二
三
泉倉人形
こども博覧會紀念
S.A.
こども博覧會
三十九年十一月

各地祭禮人形
大阪
京都
東京
二
名古屋 一
宇和島 牛鬼
S.A.
こども博覧會
三十九年十一月
こども博覧會唱歌
でんでん太鼓 笙の笛
ラッパ 軍艦 おもしろき
こども博覧會は開けたり
お伽話のお友だち
兎や猿やワンワンも
坊ちゃん来ませと歓迎す
昔むかしと今様の
人形いろいろにぎはしき
こども博覧會は開けたり
お伽話のお友だち
雉子や鸚鵡や春吉も
嬢さん来ませと歓迎す

A

B

大橋図書館［43］
設計：久留正道
1902（明治35）年
A：開館当時の図書館全景
B：雑誌閲覧室 大人に交じって少年たちの姿が見られる

第壹巻
第壹號
定價金五錢
毎月二回
少年世界
本誌は幼年雜誌。日本之少年。學生筆戰場及少年文學幼年玉手函合併改題したる者なり
第壹號
口繪
皇太子殿下の御肖像
寫眞銅版
神功皇后三韓征伐の圖
石版極彩色繪
大附録
小荊軻 宮崎三昧道人
一夜天下 川上眉山人
雷神 渡邊霞亭主人
東京博文館發行

『日本一ノ画噺』［46］
著：巌谷小波
画：小林鐘吉、岡野栄、杉浦非水
発行：中西屋書店
1911（明治44）～1915（大正4）年

マルゼン
日本一ノ画噺
モモタラウ
日本一
おぢいさんは つえ ついて、
けふ も やま へ しばかり に、
ひとりで テクテク でかけてく。
ドンブリコッコ、スッコッコ。
おほきな もゝ が うい(て)きた。
「とほい みづ は からいぞ、
ちかい みづ は あまいぞ。」
もゝを ひろつた おばあさん、
はやく おうち へ かへらう と、
ニコニコしながら お急いそぎ。
もゝから うまれた もゝたらう
もゝたらう は おほきく なって、
おにがしまへ と せいばつ に、
その ひようらう の おだんご を、
うすで つきだす ペッタラコ。
まるめる やく は おばあさん、
いくつ も いくつ も できるわく。
おこし に つけた きびだんご
「一つ ください おとも もうす」と、
いぬ は すぐさま けらい に なった。
さる も もらうて おともする
あとから きじ も やって きて、
これも だんごで ごほうこう。
ふね は ゆらく なみ の うへ、
おひて に ほ あげて のりだした。
むかふ に みえるが おにがしま。
ものみ の やく は きじ が する。
まっさき かけて とびこんだ。
なにを こしゃくな こぞうめが と、
おに は かなぼう つきながら、
もんを ひらいて まってゐる。
おに の たいしゃう くび が とぶ
さる は すばやく うしろから、
おに に めかくし さっ どうだ
にげだす おにに は いぬ と きじ、
こし の ところ へ くひついた。
あたま の うへ を つっついた。
おにども とうとう たいさん して、
たからもの を ぶんどって、
にっぽん一 の もゝたらう、
めでたく にほん へ がいせんだ。
日本一

A

B

東京市立日比谷図書館［45］
設計：三橋四郎／1908（明治41）年
A：児童室　B：正面外観

第2章

子どもの世界の発見

大正時代

一九世紀末頃より国際的に興った「新教育」運動は、それまでの教育内容や教育方法を画一的な詰め込み教育であると批判し、子どもの興味や関心に基づいた「子ども中心」の自由度の高い教育思想による教育実践を目指そうとした。この動きは、大正デモクラシーの風潮のなかで大正時代の日本において多くの影響をもたらし、「大正自由教育」といわれる教育運動に発展した。

一九二一（大正一〇）年に創立された自由学園も独自の教育実践を目指した学校で、「全く新しい家庭的友情的気分の中」に教育を行うことが指導方針として掲げられ、子どもが自らの生活を思考し、実践することが学習の中心に据えられた。教育理念に共鳴したフランク・ロイド・ライト、遠藤新により設計された同学園の創立当時の校舎では、生活の営みの基本となる食堂が校舎中央に配置されている。そのほか、大正自由教育運動において中心的な役割を果たした澤柳政太郎が一九一七（大正六）年に創立した成城小学校（現在の成城学園）、西村伊作らにより一九二一年に創設された文化学院など、特色ある教育理念により多彩な教授陣を配した学校が次々に誕生した。

こうした大正自由教育に連動して、『赤い鳥』をはじめ、『子供之友』『コドモノクニ』などの児童雑誌が創刊される。北原白秋、芥川龍之介、新美南吉、武井武雄、初山滋ら錚々《そうそう》たる作家、画家たちがその誌面を彩り、その後の児童文化を牽引していった。また、この流れは子ども市場という新たな消費システムも生み出すこととなった。百貨店などを中心に「子ども」を冠した催事が開催され、「子ども」用の商品が次々と生み出された。

一九二三（大正一二）年に発生した関東大震災は、東京、神奈川を中心に南関東一円に壊滅的な被害をもたらした。校舎も数多く焼失倒壊したが、復興の動きはいち早く起こり、一九三一（昭和六）年には東京で一一七校の、横浜で三一校の鉄筋コンクリート造復興小学校校舎すべてが竣工した。建設作業を迅速に進めるため、東京、横浜ともに設計を規格化し、市の営繕組織が各校舎の設計を担当した。その結果、復興校舎はいずれも三階を限度として避難動線に考慮した廊下などの配置、防災拠点としての講堂兼屋内体操場の設置、校舎内の換気・採光を十分に確保するための片廊下式の採用、そして当時の自由教育運動のなかで要望の高かった図画、理科などの特別教室の設置といった、多くの共通した特徴を有したが、細かな意匠などについては各設計担当者の裁量に委ねられたため、各校舎で独自の表現が生み出された。こうして様々な工夫や試みの下に建てられた復興校舎の多くは、その後の戦火をもくぐり抜け、地域の拠点となっていった。

自由学園明日館（旧・自由学園校舎）［47］
設計：フランク・ロイド・ライト、遠藤新
1922（大正11）～1927（昭和2）年

A：食堂用椅子
設計：遠藤新／1922（大正11）年

B：野外写生を指導する山本鼎
1921（大正10）年

C：中央棟食堂

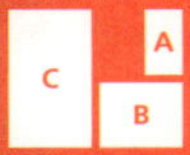

汎愛尋常高等小学校［48］
設計：安井武雄／1926（大正15）年
A：南西側鳥瞰図　B：屋上プール

A
B

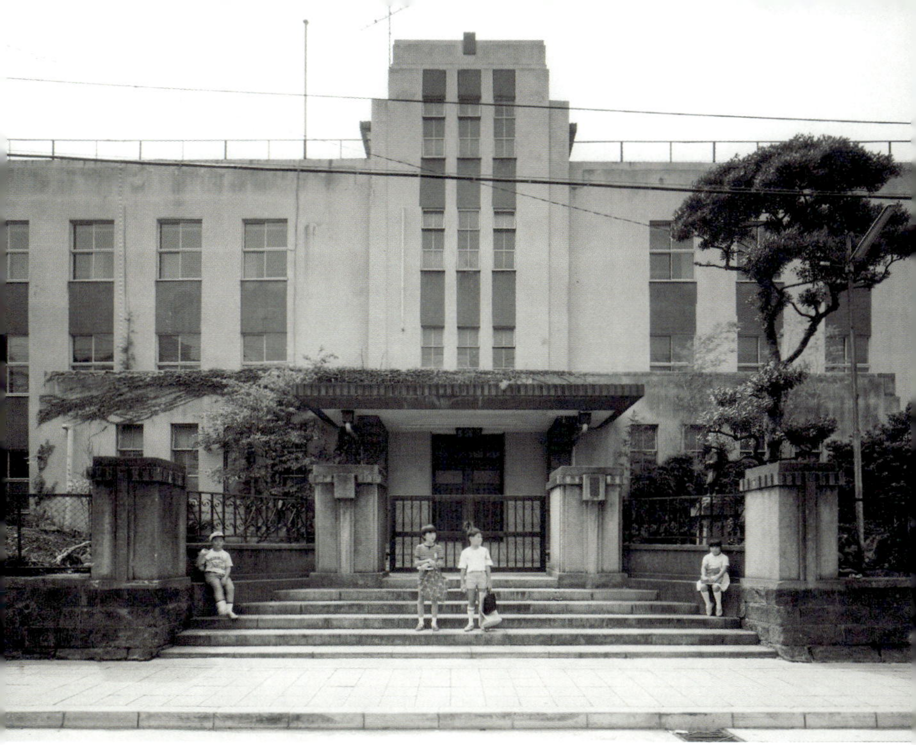

本町尋常高等小学校
（現・横浜市立本町小学校）［49］
設計：横浜市建築課
1927（昭和2）年
A：校舎工面
B：スロープ

A

B

常盤尋常小学校（現・中央区立常盤小学校）［50］
設計：東京市建築課学校建設掛／1929（昭和4）年

A：校庭越しに見た校舎

B：普通教室

私の最も理想とする校舎は
住家のやうな感じのものです。
農民の家のやうな風雅な家が樹木の間に建ち、
美しい草花の庭のある静かに落着いた……

——西村伊作

A
B

若竹の園［51］
設計：西村伊作／1925（大正14）年
A：開園当時の園舎全景　B：現在の遊戯室

建築写真類聚　文化住宅　巻1』（洪洋社）より
森荘三郎邸小児室」[52]
923（大正12）年

毎日百五十人位の子供たちが
どこからか集ってきた。
——末田ます

日比谷公園内児童遊園［53］
1903（明治36）年開設、1925（大正14）年第1次拡張
A：運道器レボルビングパラレル（回転シーソー）
B：ローカバイスウィング

A
B

皇孫御生誕記念
こども博覧會
一月十三日より 二月十四日まで
上野公園不忍池畔にて
主催 東京日日新聞社
協賛 文部省 東京府 東京市

皇孫御生誕記念
上野公園不忍池畔
こども博覧會
一月十三日ヨリ・二月十四日マデ
主催 東京日日新聞社
協賛 文部省・東京府・東京市

正門全景

正門塔下出札口

C B A

皇孫御誕生記念こども博覧会[54]
1926（大正15）年
A：皇孫御生誕記念こども博覧会ポスター
B：同
C：『皇孫御誕生記念こども博覧会記念写真帖』より

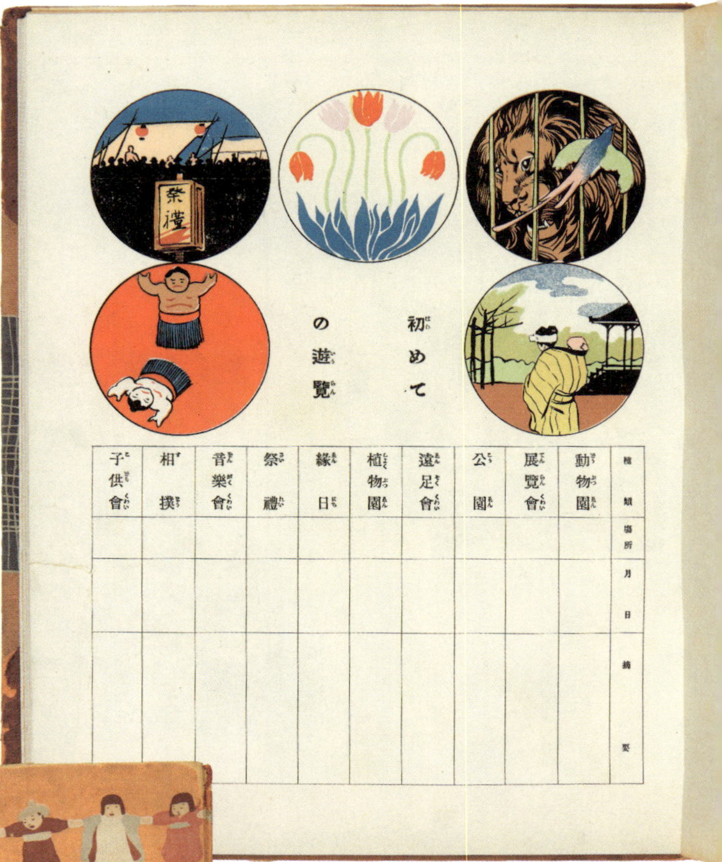

初《はじ》めての遊《いう》覧《らん》

種類	場所	月日	摘要
動《どう》物《ぶつ》園《ゑん》			
展《てん》覧《らん》會《くわい》			
公《こう》園《ゑん》			
遠《ゑん》足《そく》會《くわい》			
植《しよく》物《ぶつ》園《ゑん》			
縁《えん》日《にち》			
祭《さい》禮《れい》			
音《おん》樂《がく》會《くわい》			
相《す》撲《まふ》			
子《こ》供《ども》會《くわい》			

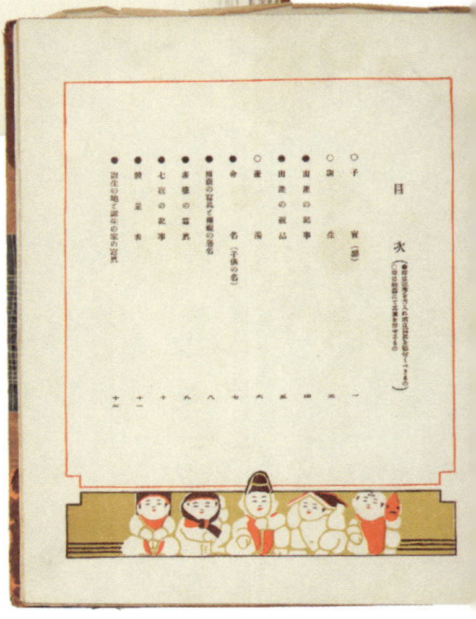

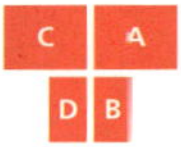

賢母必携『子寶《だから》』[55]
編：巌谷小波、画：杉浦非水
発行：三越呉服店／1909（明治42）年
A：初めての遊覧
B：表紙
C：わァらった〳〵
D：目次

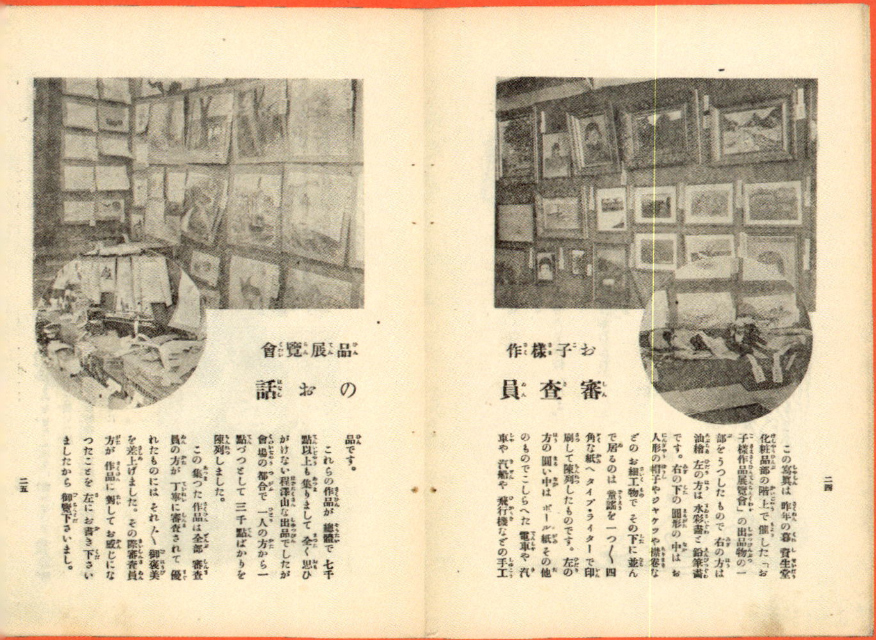
二四

お子様《こさま》作品《さくひん》展覧會《てんらんくわい》 審査員《しんさいん》のお話《はなし》

この寫眞《しやしん》は 昨年《さくねん》の暮《くれ》 資生堂《しせいだう》化粧品部《けしやうひんぶ》の階上《かいじやう》で催《もよほ》した「お子様作品展覧會《こさまさくひんてんらんくわい》」の出品物《しゆつぴんぶつ》の一部《ぶ》をうつしたもので 右《みぎ》の方《はう》は油繪《あぶらゑ》 左《ひだり》の方《はう》は 水彩畫《すゐさいぐわ》さ 鉛筆畫《えんぴつぐわ》です。右《みぎ》の下《した》の圓形《まるがた》の中《なか》は お人形《にんぎやう》の帽子《ばうし》やジヤケツや襟巻《えりまき》などのお細工物《さいくもの》で その下《した》に並《なら》んで居《ゐ》るのは 童謡《どうえう》を一つ〜四角《かく》な紙《かみ》へタイプ・ライターで印刷《いんさつ》して陳列《ちんれつ》したものです。左《ひだり》の方《はう》の圓《まる》い中《なか》は ボール紙《がみ》その他《た》のものでこしらへた 電車《でんしや》や 汽車《きしや》や 汽船《きせん》や 飛行機《ひかうき》などの手工《しゆこう》品《ひん》です。

これらの作品《さくひん》が 總體《そうたい》で 七千點《てん》以上《いじやう》も集《あつま》りまして 全《まつた》く思《おも》ひがけない程澤山《ほどたくさん》な出品《しゆつぴん》でしたが 會場《くわいぢやう》の都合《つがふ》で 一人《ひとり》の方《かた》から一點《てん》づつとして 三千點《てん》ばかりを陳列《ちんれつ》しました。

この集《あつま》つた作品《さくひん》は全部《ぜんぶ》 審査員《しんさいん》の方《かた》が 丁寧《ていねい》に審査《しんさ》されて 優《すぐ》れたものには それ〴〵 御褒美《ごはうび》を差上《さしあ》げました。その際審査員《さいしんさゐん》の方《かた》が 作品《さくひん》に對《たい》して お感《かん》じになつたことを 左《さ》に お書《か》き下《くだ》さいましたから 御覧《ごらん》下《くだ》さいまし。

二五

昨年押しつまっての或日
三須(裕)君が私の室に来て 突然
「子供雑誌を出したいと思いますが
如何でしょう」という。
「宜しう御座います」と
私の言下の答(え)に驚いた 三須君の眼には
歓喜の涙が湧れていました。
三須君も真剣だったろうが
答えた私も
あんな真剣なことはなかったのです。
子供の国その国のために
何時か 何かして見たい
雑誌もよいが 新聞と……
それは私が外国から帰った時から
考えていたことでした。

——福原信三

B　A

『オヒサマ』[56]
資生堂編集部／1922（大正11）年4月〜1923（大正12）8月
A：「お子様作品展覧会 審査員のお話」（1巻1号）
B：表紙（1巻1号）
画：矢部季／1922（大正11）年

オヒサマ
(子と母の雑誌)
大正十一年三月二十日印刷納本
大正十一年三月廿三日第三種郵便物認可
大正十一年四月一日發行
(第一卷第一號)
創刊號
SUE

資生堂化粧品部 子供服［57］
1922（大正11）～
1924（大正13）年頃

東京裁縫女学校（現・東京家政大学）
女児服［58/59］
1919（大正8）～1922（大正11）年

成城学園［60］
1917（大正6）年創立、1925（大正14）年移転
A：砧村移転当時に新設された成城玉川小学校
1925（大正14）年
B：旧制成城高等女学校校章
制作：富本憲吉／1927（昭和2）年
C：旧制成城高等女学校卒業記念ブローチ
（左から第1回白百合、第2回紫苑、第3回芙蓉、第4回撫子、
第5回皐月、第6回百合）
制作：富本憲吉／1932（昭和7）～1937（昭和12）年

A
B
C

大正時代の玩具［66/63］

A：自動ガラガラ

B：乳母車とうさぎの人形

A

B

鈴木三重吉主幹
赤い鳥
五月号
第四巻第五号

子どものものは余技でなく、一つの明確な仕事だ。
子どもにはうまい絵を見せなくちゃいけない。
大人の絵を描いちゃだめだ。
大人がおもしろいのと、子どもに与えるのとはちがう。
子どものなかにはいるかどうかが問題なのだ。

——清水良雄

B A

『赤い鳥』[70/72]
発行：赤い鳥社
1918（大正7）〜1936（昭和11）年
A：表紙「たんぽゝ」（4巻5号）
画：清水良雄
1920（大正9）年5月
B：「ユビキリ」（17巻4号）原画
画：清水良雄
1926（大正15）年

子供之友
Kodomonotomo
Tom
三月
婦人之友社

私は子供のための絵といえども、
シッカリしたデッサンの上に、
チャンとリアルに描かれねばならぬ。
大人の絵と違う点は、
それが子供に興味のある画材を選ぶ、
という点だけだ、と思った。

——村山知義

B A

『子供之友』[77/76]
発行：婦人之友社
1914（大正3）～1943（昭和18）年

A：表紙（11巻3号）原画
画：村山知義
1924（大正13）年

B：「水族館」（2巻6号）原画
画：竹久夢二
1915（大正4）年

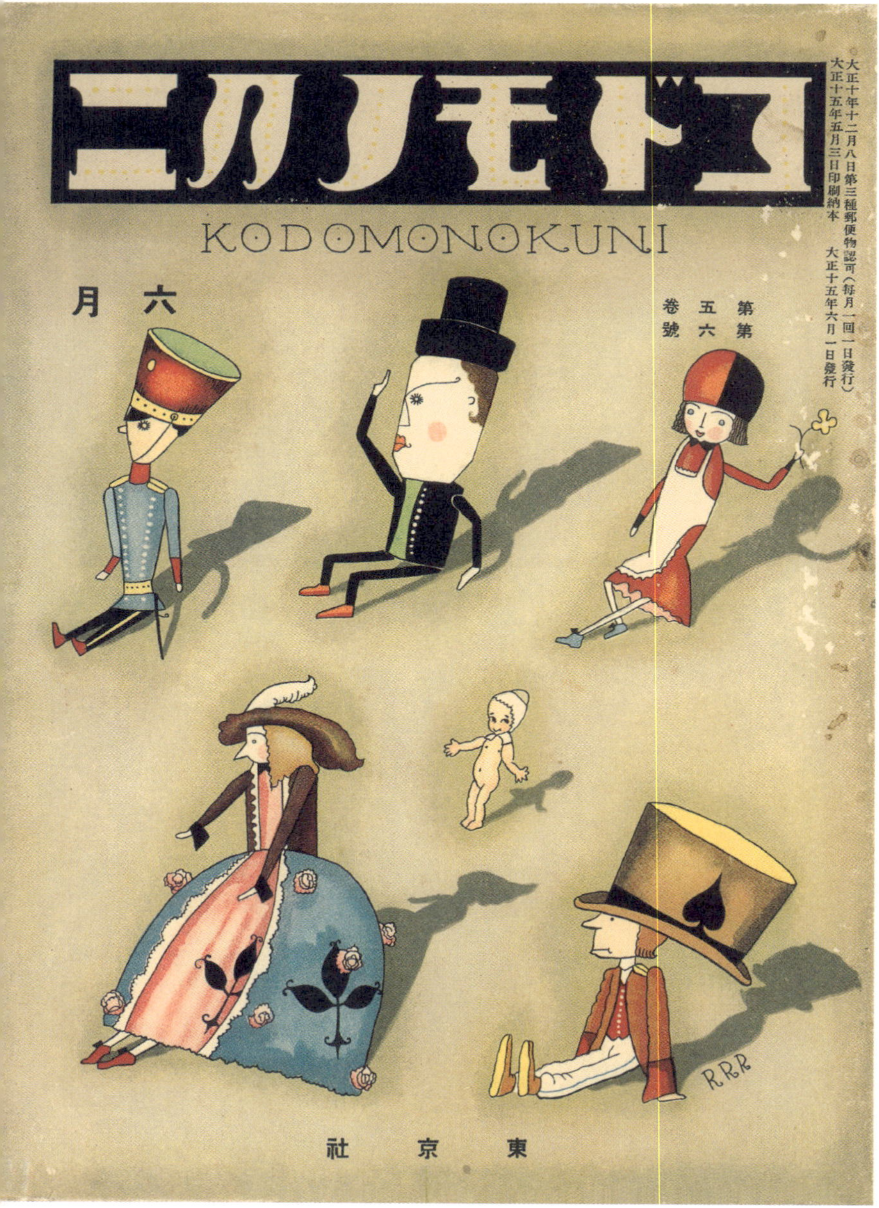
コドモノクニ
KODOMONOKUNI
六月
第五巻
第六號
大正十年十二月八日第三種郵便物認可（毎月一回一日發行）
大正十五年五月三日印刷納本
大正十五年六月一日發行
RRR
東京社

Kiichi
ホタルヤサン
ワタシ　ニモ
チヤウダイ　ナ。
サア　カヘッテ
オマド　ニ　カケテ
オキマセウ。
エエ　ワタシ　ニ
モタシテ　ヨ
ワタシ　ホタル
ダイスキ
カヘッタラ
ミヅ　ヲ　フイテ
ヤルノ。
（ヲカモト・キイチ書）

いきなり御免こうむって結論から先に言えば、
「人的感応」を以て私は最後のものとしている、
人的感応とは何の事か？
人と人とのつながり、人間の影響のことである。
（中略）子供の眼の前を素通りする
キレイな画というだけなら別に問題もないし、
子供と呼ばれる一時期の時間を消費するための
娯楽対象で済むのだが、
幼い魂の奥底まで喰い入ってこれを呼びさまし、
育て、希望を持たせ、大人になってもまだ
執拗に喰いさがっていようというためには、
これこそたった一枚の切り札があるだけ、
それが「人的感応」である。

——武井武雄

B　A

『コドモノクニ』[84]
発行：東京社
1922（大正11）〜1944（昭和19）年
A：表紙「ニンギャウ」（5巻6号）
画：武井武雄／1926（大正15）年6月
B：「ホタル」（5巻6号）
画：岡本帰一／1926（大正15）年6月

心して選ばれた絵や、お噺や、
画風や、色彩の趣味やは勿論、
ちょっとした筆づかい、
ちょっとした言葉づかいの末までも、
綿密に行亘った注意を以て
編集せられたものでありましたら、
識らず知らずの間に、
子供の心性に与えてゆく
良い感化、好い影響は、どんなに
有益に貴重なものでありましょうか。
また、それが月日に積りつもって、
如何に力強く
効果の大きいものになりましょうか。
『コドモノクニ』は、
右のような意味に於て、
絵雑誌が子供の心性の発達に、
重大な関係を有するもので
あるという責任を、
常に忘るることのないように
つとめなければならないと
思って居ります。

——お母様方へ　『コドモノクニ』編集者より

コドモノクニ
イロハガルタ［85］
画：武井武雄
作：和田古江
発行：東京社
1929（昭和4）年

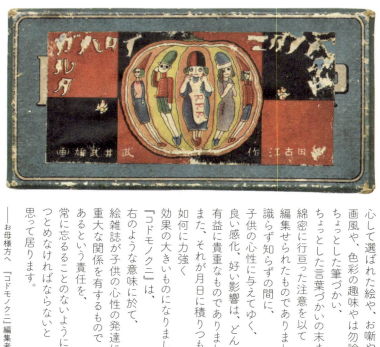

インターミッション

戦争前夜に咲いた花

昭和時代に入り、もう一つの大きな災害が日本を襲った。一九三四（昭和九）年の室戸台風は、京阪神地方を中心に甚大な被害をもたらし、多くの校舎が倒壊。校舎の中にいた児童、職員が犠牲となった。この時、大正期より徐々に建設されはじめていた鉄筋コンクリート造の校舎には、ほとんど被害が見られなかったことから、これを機に、都市部を中心に校舎の鉄筋コンクリート化が急速に進むこととなった。なかでも、一九三七（昭和一二）年に竣工・移転が完了した慶應義塾幼稚舎は、設計者・谷口吉郎と教員がともに構想を練って建てられた、モダンで開放的な雰囲気に溢れた先駆的な校舎であった。

一方、地方では、依然として多くの木造校舎が建てられていた。満州事変等による大戦景気が地方産業にも波及し、好景気に沸いたこの時期、その豊かさを象徴するかのような壮麗な校舎が各地に建設された。意匠は、伝統的な和風様式のものから、和風と洋風の要素を巧みに融合させたものまで様々であったが、関東大震災や室戸台風などの災害をも十分考慮され、きわめて堅牢な構造となっている。このため、多くの校舎が八〇年あまりを経てもなお、現役校舎として、あるいは地域の文化施設などとして使用され、現在に至っている。

大正時代に続き、この時代も多くの児童雑誌が創刊された。一九二七（昭和二）年に誕生した『観察絵本キンダーブック』は、日本の自然や社会、生活などを「観察」することを主眼に編集された月刊保育絵本・雑誌の草分けであり、幼稚園への直接販売という方式を採用したことでも知られる。また、昭和戦前期を代表する児童雑誌として『少年倶楽部』『少女倶楽部』『幼年倶楽部』の存在も忘れてはならないだろう。この時期、爆発的に部数を伸ばし、多くの子どもたちに愛読された。時代は戦争へと向かいつつあり、誌面にも、子どもたちの生活・遊びのなかにもその影響は確実に現れはじめていた。しかし、子どもたちは吉川英治や佐藤紅緑らの小説に心をときめかせ、「タンク・タンクロー」「のらくろ二等卒」などの漫画を真似して描き、蕗谷虹児、加藤まさをの挿絵を眺めながら手芸にいそしんでいた。

戦争前夜のひとときの時代ではあったが、児童雑誌の中には、当時の子どもたちの生き生きとした姿を垣間見ることができる。

西脇尋常高等小学校
(現・西脇市立西脇小学校)[86]
設計:内藤克雄
1934(昭和9)～1937(昭和12)年
A:改修工事前(2017年～)の校舎外観(南棟)
B:改修工事後の教室　2018(平成30)年
C:小学校遠望　講堂と幼稚園が写る
1955(昭和30)年頃

明倫尋常高等小学校（現·萩·明倫学舎）［87］
1935（昭和10）年
A：現在の本館外観
B：1955（昭和30）年頃の学校全景
C：唱歌室（竣工当初）
D：講堂映写室（竣工当初）

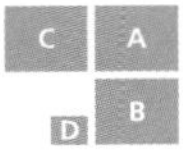

慶應義塾幼稚舎［88］
設計：谷口吉郎
936（昭和11）年竣工、
937（昭和12）年移転完了
：教室
：外観
：理科教室、1936年頃
：第一理科教室詳細図
935（昭和10）年

C A
D B

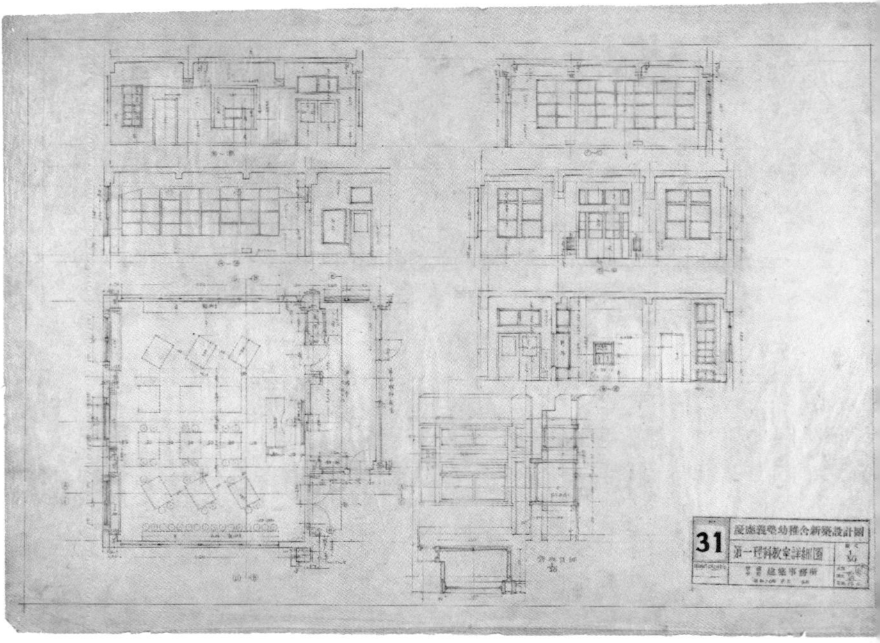
31
慶應義塾幼稚舎新築設計圖
第一理科教室詳細圖
建築事務所

高野口尋常高等小学校（現·橋本市立高野口小学校）[89]
設計：薮本芳一／1937（昭和12）年
A：校舎正面玄関
B：校舎全景
C：長さ98mに及ぶ廊下

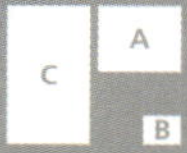

パソコンルーム

『キンダーブック』［90］
発行：フレーベル館
1927（昭和2）～1943（昭和18）年／
1946（昭和21）年～
A：表紙（10集8編）
1937（昭和12）年11月
B：「アリ ト　ソノオウチ」（10集8編）
画：今村寅士／1937（昭和12）年11月

A

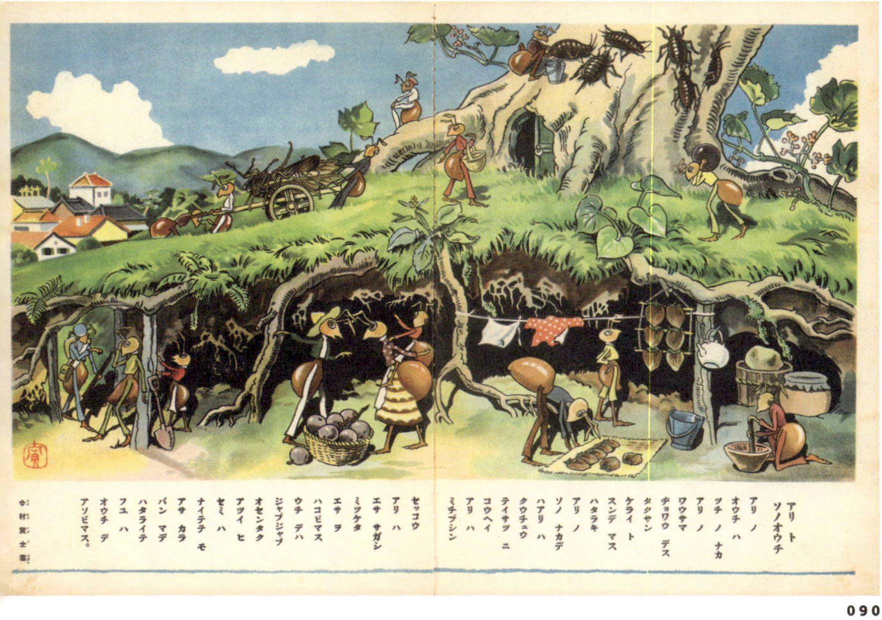

A

B

『コドモノヒカリ』[91]
発行：子供研究社
（第5巻7号から発行：帝國教育會出版
1937（昭和12）～1944（昭和19）年
A：「ムラノホイクショ」（6巻11号）
画：茂田井武／1942（昭和17）年1
B：表紙（6巻11号）
1942（昭和17）年11月

›女倶楽部』［96/98］
亍：大日本雄弁会講談社
22（大正11）〜1962（昭和37）年
「松菱模様のハンド・バッグ」（13巻10号）
35（昭和10）年10月
付録『少女編物手芸』表紙（13巻10号）
：蕗谷虹児／1935（昭和10）年10月
表紙「読書」（11巻10号）
：多田北鳥／1933（昭和8）年10月

大正十一年十一月二十五日第三種郵便物認可　昭和八年九月八日印刷納本　少女倶樂部（毎月一回一日發行）昭和八年十月一日發行　第十一卷
少女倶樂部
特別大附錄
孝女白菊
十月號

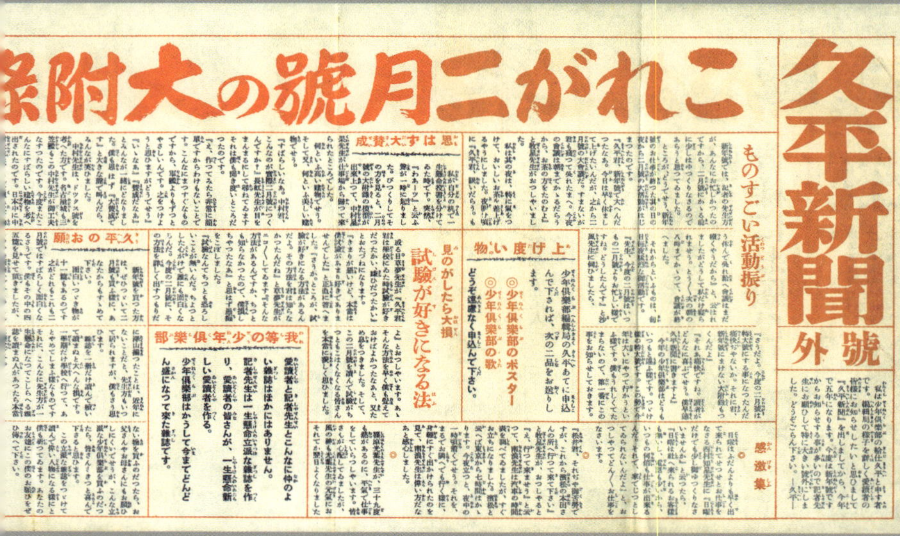

久平新聞

號外

これが二月號の大附錄

私は少年倶樂部の給仕久平と申す者です。編輯局の様子を詳しく愛讀者の皆様にお知らせしたいと思ひまして『久平新聞』を出しましてから、今年で五年になります。今度は新年號ですからお知らせする事が多いので記者先生にお願ひして特に大きい號外にしました。どうぞごらん下さい。―久平―

ものすごい活動《くわつどう》振《ぶ》り

新年號では、記者の先生方が、あんなにお忙しかつたのですから、二月號にかゝる前に少しはゆつくりなさるのであらうと思つてゐました。ところが、どうでせう、新年號のお仕事が終つた其の日の夜から二月號の大活動がはじまつたのです。『久平君、新年號で大へんだつたなあ。今日は早く休ましてあげたいんだが、之から二月號の大會議だ。すまないが君も殘つて呉れたまへ。今夜の會議は朝までかゝるだらうから、お茶の方をたのむよ』と牧星先生がおつしやいました。私は其の夜は、特に氣をつけて、おいしいお茶を差上げるやうにしました。夜明け頃に『久平君、眠いだらう。もう休んで呉れ給へ。會議はまだ續くやうだから』と、云はれましたがどうして私だけ寢られませう。とう〳〵次の朝の八時までかゝつて、會議が終へました。

それからといふものは、毎日毎夜猛烈な御活動です。『先生、今度の二月號はいつもの二月號よりお忙しい樣ですね。どうしたんです』と秋風先生に伺ひましたら、『さうだよ。今度の二月號は特大號にする事になつたんだ。愉快ぢやないか。それに君、新年號にまけない大附錄もつくんだよ』『それあ愉快ですね。讀者がどんなに喜ぶでせう。僕早速久平新聞に書きますよ』今年の少年倶樂部はどうもいつもと違ふ樣です。つゞけ樣の特大號です。この勢で今年は大いにやつて行かうといふ樣です。僕もうれしくてたまらないので、第一番にこの事をお知らせしておきます。

思はず大賛成

私が自分の机で一生懸命校正を分けてゐた時です。突然、『わあーツ』と云ふ聲が一時に起りました。びつくりしてその方を見ると、二月號の大附錄の模型が出來上つて、中村星果先生が仕事場から歸つて來られたところでした。何といふ高い建物でせう。そして又、何といふ美しい建物でせう。『すばらしいなあ。中村君、こんなのが實際二月號につくんですか！』長紅先生が目をまんまるにして尋ねてゐます。それは僕も聞き度いところだつたのです。『え、作つてみたら非常に簡單ですからわけもないことです。こんなにまつすぐなものですから、軍艦よりもずつとやさしいんです。之をつけようと思ひますがどうでせう』『いゝなあ』『賛成だなあ』とみんなが一緒にどなりました。僕も思はず『大賛成です』と大きな聲で叫んだら、みんなが笑ひました。中村先生は、ドワクス號を考へた方です。名古屋城も三笠艦もこの中村先生が御工夫なすつたのです。今度またこんなにすばらしい建物を考へ出されたのです。日本中に中 [illegible]

見《み》のがしたら大損《おほぞん》　試驗《しけん》が好《す》きになる法《はふ》

或る日[illegible]先生が『久平君は學校にゐた時試驗が好きだつたかい、嫌ひだつたかい』とおたづねになります。『きまりが惡いけど、本當は僕試驗があまり好きでありませんでした』と正直に答へました。『さうか。ところが、試驗が好きになる方法があるんだよ。その方法を君は知らなかつたんだね』と[illegible]先生がニコ〳〵してゐます。『そんな方法があるんですか、ちつとも知らなかつたので、僕損しちやつたなあ』と思はず愚痴をこぼしました。『試驗なんてちつとも恐ろしいことが無いんだ。ちよつとした心がけで誰にも面白くなるんだ。今度の二月號に、その方法を詳しく出すつもりだよ』とおつしやいます。あゝそんな方法を早く僕も覺えておけばよかつたなあと、又ため息をつきました。そして、この二月號を讀んで試驗がちつともこはくなくなる皆さんを本當に羨しく思ひました。

上げ度い物

少年倶樂部編輯局の久平あてに申込んで下されば、次の二品をお送りします。

◎少年倶樂部のポスター

◎少年倶樂部の歌

どうぞ遠慮なく申込んで下さい。

久平のお願

新年號を買つた方は、ぜひつゞいて二月號も買ふ樣に、あなたからもすゝめて下さい。面白いつゞき物が十一篇もあるのです。之がどれもこれも二月號ではすばらしく面白くなるさうです。僕もその中の四五篇を見せて頂きましたが、[illegible]に澤山揃つたことは、近年にないことだと、先生方もいつて居られますが、僕もさう思ひます。雜誌を一冊だけ讀んで續いて讀まぬと大へんな損です。一學期だけ學校へ行つて、あとやめてしまふ樣なものです。それに、こんなに先生方が一生懸命になつてこしらへる雜誌を讀まぬ人があつたら本當[illegible]ない物を買ふのだつたら、お父さんやお母さんにもお願ひしにくいでせうが、こんな立派な少年倶樂部を買ふのだつたら、皆さんきつと喜んで下さると思ひます。この立派な雜誌をつゞけて讀んで偉い人物になる樣にと僕も祈つてゐます。あなたのお友達にこの僕のお願ひをぜひ傳へて下さい。

我等の少年倶樂部

愛讀者《あいどくしや》と記者先生《きしやせんせい》とこんなに仲《なか》のよい雜誌《ざつし》はほかにはありません。記者先生は一生懸命立派な雜誌を作《つく》り、愛讀者の皆《みな》さんが、一生懸命新しい愛讀者を作る。少年倶樂部はかうして今《いま》までどんどん盛《さかん》になつて來《き》た雜誌《ざつし》です。

感激集《かんげきしふ》

◎日曜はふだんよりも早く出て來られてせつせとお仕事をなさる[illegible]先生に『日曜だけでも少し御ゆつくりなさいませんか』と云つたら、『日曜は社へ來られるお客樣も無いし、電話も少いから、いつもの何倍も仕事が出來るんだ。それで、家でじつとしてゐられないんだよ』と、おつしやつてどん〳〵お仕事をなさいます。

◎『[illegible]君、それからや御苦勞ですが、これから濱松の本田さんの所へ行つて來て下さい』と牧星先生が、おつしやると『え、行つて來ませう』と云つて、[illegible]先生は汽車の時間表を調べてゐましたが、すぐお立ちになりました。濱松と云へば東京から七時間はかゝります。今夜立つと、夜中の一時頃着くでせう。それを、まるでお隣へでも行く樣に、身輕にすぐ出かけられたのを見て、[illegible]先生は偉い方だなあと感心しました。

◎[illegible]先生が、三十九度も熱があるのに、平氣で仕事をしていらつしやいます。皆さんが心配してゐましたが、風の神も先生の元氣におそれてか翌日よくなりました。

『少年倶楽部』[93]
発行：大日本雄弁会講談社
1914（大正3）～1962（昭和37）年
A：「久平新聞　号外」（19巻1号）
1932（昭和7）年1月
B：表紙（19巻1号）
画：齋藤五百枝／1932（昭和7）年1月

『幼年倶楽部』[99]
発行：大日本雄弁会講談社
1925（大正14）～1944（昭和19）年／
1945（昭和20）～1958（昭和33）年
C：表紙（10巻3号）
画：多田北鳥／1935（昭和10）年3月
D：「タンク・タンクロー」（10巻3号）
作・画：阪本牙城／1935（昭和10）年3月

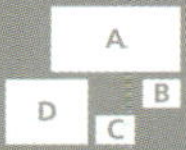

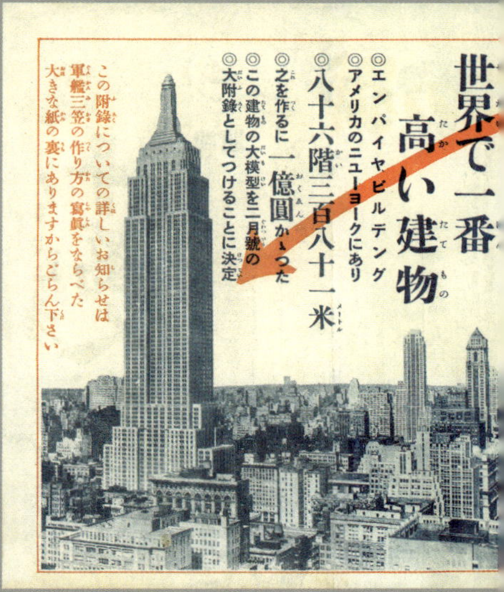

でき上がった三笠の模型を
C君の勉強部屋に安置し、（中略）
真新しい独特の手ざわりの
『少年倶楽部』を借りて
ぞくぞくした気持ちで帰るのが、
又嬉しくもあった。

——鹿野琢見

軍艦三笠の大模型
（『少年倶楽部』19巻1号付録）［94］
設計：中村星果／発行：大日本雄弁会講談社
1932（昭和7）年1月

第 **3** 章

新しい時代の到来、子どもたちの夢の世界を築く

1950 - 1970

戦争が終結し、学童疎開から戻ってきた子どもたちが直面したのは厳しい食糧難と生活難であった。戦後の混乱のなかで学校システムも機能停止の状態であったが、ＧＨＱの統制下、日本の民主化が目指され、子どもたちには戦中とは全く異なる新しい教育が開かれていく。一九四七年に教育基本法と学校教育法が示され、義務教育の年限は九年間となり、また同年に制定された児童福祉法により、日本の将来を担う子どもたちの積極的な保育が推進されることとなった。幼稚園と保育園は別々の法で規定化され、保育制度はこれより二元化されていく。戦争で都内の公園は八割が壊滅したが、なかでも住宅と学校の量的拡充は急務であった。それを担ったのは東京大学吉武研究室であった。吉武泰水の指導のもと、科学的で実証的な建築計画学が本格的に始動し、実態調査に基づいた標準設計により寸法や部材が規格化されたモデルスクールが実現。それを基準として全国に同一タイプの校舎が大量に建設されていった。

なお、地方からは標準設計を打破しようとする新しい試みも見られた。一九六五年前後からクラスタータイプ（教室がブドウの房状に廊下に連結する平面）やフィンガープラン（平行する教室棟が廊下で連結する平面）といった新しい学校空間も生まれる。

児童文学の世界では、一九五〇年代に入り、新しい子どもの文学のあり方が模索されるようになると、欧米の児童文学作品の翻訳や日本の作家による児童文学　絵本が次々と出版されるようになった。大人たちは復興に忙しいが、子どもたちの笑顔は元気でたくましかった。
一九五六年の経済白書は「もはや戦後ではない」と宣言し、日本は高度成長期へと入っていく。大量消費社会が到来し、一〇〇〇戸以上の規模の公営の団地が生まれ、生活や都市が大きく変わっていく。自動車産業が本格化し一九六〇年頃より日本が自動車社会へと変貌していくなかで、道や空き地といった子どもたちの遊び場がしだいに失われていった。そうしたなかで、新たな子どもの遊び場や居場所が模索されることとなる。都市部では一九五〇年代より、試行錯誤で学校開放も始まっていた。また、六〇年代にはテレビ放送が全国のお茶の間に広がり、子どもたちが熱狂するテレビアニメのシリーズが始まった。教育も国際レベルに大きく発展していく一方で、六〇年代の急激な社会・経済状況の変化から、つめこみ教育の問題や校内問題も次第に顕在化する。
子どもたちにバラ色の未来を描いて見せた大阪・日本万国博覧会が開催され、高度成長期の終焉となる一九七〇年までをこの章ではとりあげる。

新宿区立西戸山小学校［101］
設計：東京都建築局工事課および新宿区教育課
1951（昭和26）年
A：東南から見た校舎

高窓による採光を
天井にみちびいていますが、
天井につけられたルーバーは、
光源空を見せずに
光を拡散させるはたらきを
もつものです。
——長倉康彦

目黒区立宮前小学校旧校舎（旧・八雲小学校分校）［102］
設計：宮前小学校設計グループ／1958（昭和33）年
B：左に低学年棟、右に体育館　C：低学年棟における教室授業風景

目にしみるのは
川向こうの山の緑のみです。
薫風にのって蜜柑の花の香りが
教室にたちこめます。
小魚のはねる音が
しじまをやぶり、
落葉の沈む川の底は
冬の絵に変わります。

——松村正恒

八幡浜市立日土小学校［103］
設計：松村正恒
1956（昭和31）年［中校舎］／1958（昭和33）年［東校舎］

p102-103：運動場越しに中校舎と東校舎を見る
A：川側から東校舎を見る
B：中校舎の教室 給食風景
C：東校舎の旧昇降口

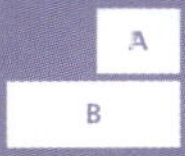

朝日町立朝日小学校［104］
設計：坂本鹿名夫
1962（昭和37）年
A：円形校舎
B：運動場越しの校舎外観

A

B

七戸町立城南小学校［105］
設計：東京大学吉武研究室
1965（昭和40）年
A：図書館棟
B：教室

もし学校がなかったら、
子どもたちは日常をどう過すのか。
（中略）そう考えることで、小学校とは何か、
そのイメージが見え出しました。
学校という場所は、
子どもたちそれぞれの暮す住まいと、
大きく変っていてはならないのだ……。

――下山眞司

慶松幼稚園〔107〕
設計：原広司
1968（昭和43）年
A：外観
B：保育室
C：屋上遊び場

ゆかり文化幼稚園［106］
設計：丹下健三都市・建築設計研究所
1967（昭和42）年

A：園庭越しに見た園舎
B：半屋外空間
C：テラスの保育風景
D：保育室

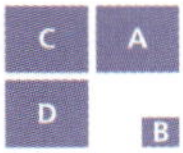

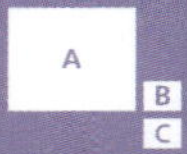

広島こどもの家（広島市児童図書館）［108］
設計：丹下健三
1953（昭和28）年
A：図書室内観
B：外観
C：遠景

公団住宅のプレイロット［109］

設計：日本住宅公団／1950年代後半～1960年代前半

A：円形スライダー

B：プレイスカルプチャー

A

B

新しい児童の空間を
つくりだそうということから、
児童の生活の全領域にわたる諸要素を
できるだけ多く
用意しておきたい

——大谷幸夫

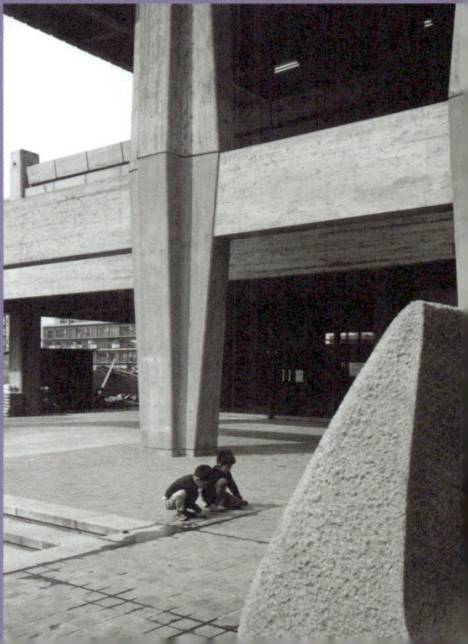

A
B

東京都児童会館[110]
設計：大谷幸夫
1964(昭和39)年
A：玄関ホール
B：美竹通りからのアプローチ

B A
C

こどもの国児童遊園[111]
設計：大谷幸夫、イサム・ノグチ
1966（昭和41）年（児童遊園部分）
A：噴水越しに丸山をのぞむ
B：遠景
C：こどもの国Ａ地区児童遊園　配置図

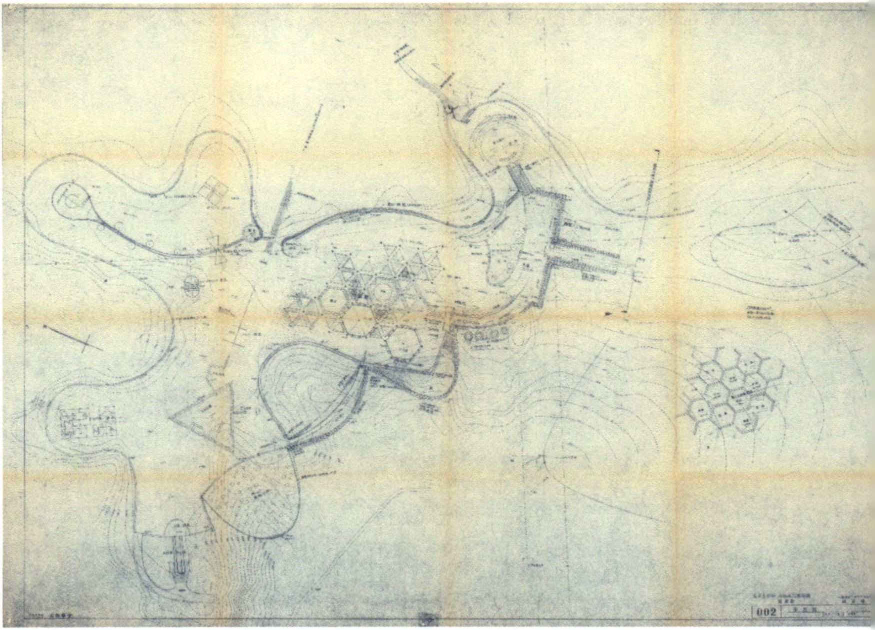
002

東屋

B A C

A:《近藤勇と鞍馬天狗》
(「江東のこども」より)[126]
土門拳
1953(昭和28)〜1954(昭和29)年

B:津軽地方南部[120]
小島一郎
1958(昭和33)年

C:《ままごと》/津軽地方[123]
小島一郎
1959(昭和34)年頃

さて、その日も同じように
井上（靖）さんが来られて、子どもの詩に
目を通しながら、静かな調子でおっしゃいました。
静かではありましたが、
力強く、重々しく、聞く側にはずっしりと
こたえたようにひびくコトバでした。

(中略)
「大阪も、こんなふうに戦災で
焼野原になってしまいましたが、
子どもの心は今までとおなじように
ピカピカと光っています。
その美しい心をひき出して、
美しい詩の雑誌を作りましょうや。
きっと出来ますよ」
――浮田要三

C A
B

『きりん』〔124/125/126〕
発行：尾崎書房（1948〔昭和23〕～1950〔昭和25〕年9月）、
日本童詩研究会（～1962〔昭和37〕年5月）、
理論社（～1971〔昭和46〕年）

A：表紙（1巻1号）〔124〕
画：脇田和／1948（昭和23）年2月
B：表紙（1巻3号）〔124〕
画：吉原治良／1948（昭和23）年4、5月
C：大阪市立美術館において開催された「きりん展」（12月13～18日）会場風景〔127〕
1955（昭和30）年

『いない　いない　ばあ』［129/130］
文：松谷みよ子／絵：瀬川康男
発行：童心社／1967（昭和42）年
A：「きつねI」原画　**B**：「きつねII」原画

『スーホの白い馬』［127］
再話：大塚勇三
画：赤羽末吉
発行：福音館書店
1967（昭和42）年
表紙 原画

それから『スーホの白い馬』
これはボクが描きたくて描きたくて。
（中略）
日本人はすぐれた民族だけど
スケールが小さいですね。
子どもたちもどんどん小さいところへ
押しこめられているでしょ。
子どもにはロマンのあるものを
みせたいですね。
広がる心、夢、夢をもたなくちゃ。
いまはそれが
なくなっちゃってるからね……

——赤羽末吉

絵本の世界では、
理屈なんていらないんです。
子どもは絵を見ているんですね。
「絵を読んでいる」
と言いかえてもいいかもしれない。
——西巻茅子

『わたしのワンピース』［133/134/135］
絵と文：にしまきかやこ
発行：こぐま社／1969（昭和44）年
A：p. 5 リトグラフ／2002（平成14）年
B：pp. 8–9 リトグラフ／2002（平成14）年
C：p. 11 リトグラフ／2002（平成14）年

B
C A

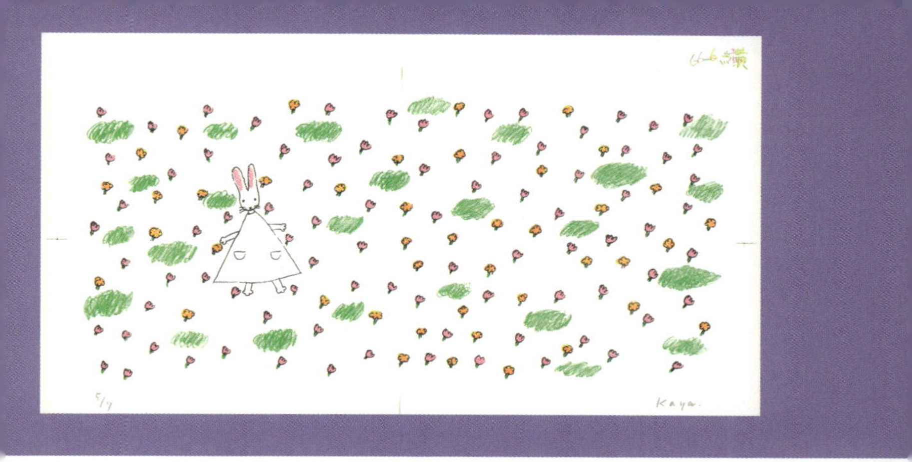
5/7
Kaya.

5/7
Kaya.

『11ぴきのねこ』［132］
馬場のぼる／発行：こぐま社／1967（昭和42）年
p.10 リトグラフ／1970（昭和45）年前後

第**4**章

おしゃべり、いたずら、探検
——多様化と個性化の時代

1971 - 1985

政府の世論調査によれば、七〇年代初頭には国民の約九割が中流意識を持つようになった。その背景には、家庭に家電や自動車といった経済成長期の消費財があまねく行きわたり生活が安定したことや、マス・コミュニケーションが発達したことが挙げられる。そして七〇年代前半はベビーブームにあたり、子どもたちの世界はにぎやかに広がっていった。

この頃、学校教育および建築に新しい動きが現れる。それまでの一斉教育や画一的な授業への反省に加え、欧米で始まっていた本格的な教育改革が日本にも伝わり、子ども一人一人の個性や適性を重視した教育を願う声が上るようになった。そして子どもの立場に立った教育方法や教育環境を模索する教育現場の動きが、チーム・ティーチングや弾力的な学習形態といった「オープンスクール」のメソッドの導入へとつながり、それがフレキシブルな教育空間が生まれるきっかけをつくった。学級や学年の枠をとりはらった自由な活動のためのオープンスペースのほか、さらに、学校用家具の工夫や多目的ホールの導入など、新しい校舎の試みは、私立校にも公立校にも少しずつ導入されていった。ことに一九八四（昭和五九）年、多目的スペースの面積補助制度、一九八五（昭和六〇）年に基本設計費に対する補助制度ができるまで、教育の現場と建築家との協力により、これまでにない新しい挑戦が意欲的に進められていった。

一方、子どもを取り巻く生活環境の変遷を詳しく観察し、建築設計に反映させていく継続的な努力が、とくに一九七〇年代に増えた女性建築家たちにより進められ、幼稚園や保育園の建築に活かされる。それにより地域社会の質の向上や、子どもや高齢者の居場所の確保が図られたのである。

また、一九七〇年頃を境として児童館、少年自然の家、児童図書館、子どもミュージアム、公園・遊園地といった子どもを対象とした施設の種類が増え、数多く実現された。

七〇年代は二度の石油ショックが経験され景気の浮き沈みがあったが、消費行動はそれまでと大きく変化し、時間を置かずに欧米からの流行も入ってくるようになった。一方で、人口問題、公害、環境問題などが顕在化し、大人が構築した社会に反発する若者たちによって、若者文化が発達する。日本独自のファッション業界が発達し、それがインテリアや建築を牽引していった。また核家族化によって、前世代からの習わしにとらわれない子育てが新しい子ども像をつくっていった。この章ではバブル経済直前までの動きをとりあげる。

まず第一にイメージされたのは
オープン・システムの要求する
開いた空間構成を中にもちながら、
このような雑然とした風景の中に、
いかにして同時に自立性のある
領域を設定するかにあった。

——槇文彦

C	A
D	B

加藤学園暁秀初等学校［136］
設計：槇総合計画事務所／1972（昭和47）年
A：南東からの外観
B：遊び心のあるロッカー
C：学習センター
D：オープン教室の学習風景

B A
E D C

東浦町立緒川小学校［137］
設計：杉森格、田中・西野設計事務所
1978（昭和53）年
A：校舎玄関
B：ホール
C：教室、学習風景
D：アルコーブ（床の段々）での授業風景
E：低いテーブルを用いた学習風景

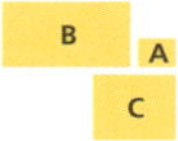

宮代町立笠原小学校［138］
設計：象設計集団
1982（昭和57）年
A：教室
B：南から見た高学年棟外観
C：回廊

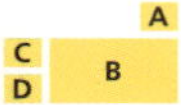

目黒区立宮前小学校［139］
設計：日本建築学会・学校建築に関する委員会
実施設計：アルコム
1985（昭和60）年
A：北からの鳥瞰
B：外部モール
（左の壁画デザイン：松川淳子）
C：教室
ホワイトボードを並べた学習風景
D：児童ごとに区画化された南側農園

ひとりひとりの子供の
学習環境を保証することは、
即、学校が授業する場から
「生活する場」へと
変身することを意味する。
これには生活のための機能を
充実する外に、子供たちが
学校へ来ることが楽しく、
豊かな気持にさせて
活動的になれる場を
用意することが大切であろう。

——アルコム

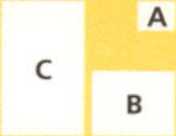

津山口保育園（現·KOKKO保育園）［140］
設計：小川信子＋小川建築工房／1974（昭和49）年
A：玄関（屋根の上の風見鶏のデザイン：粟津潔）
B：いすの間（共同保育室）
C：吹き抜けでつながる1階と2階のいすの間（共同保育室）

A：多目的室
B：北から見た園舎外観
C：ワークスペースとクラスルームの間の通路
D：２室ごとにまとめられたセミオープンのクラスルーム

田上町竹の友幼稚園（現・竹の友幼児園）［141］
設計：難波和彦＋玉井一匡（界工作舎）
1978（昭和53）年

C A
D B

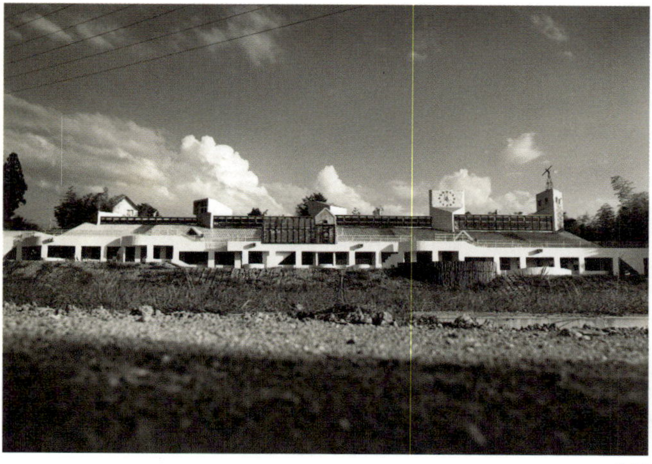

ワークス

タコすべり台 [146]
設計：前田環境美術（旧・前田屋外美術）
1965（昭和40）年～／写真：東京都足立区上沼田東公園　タコすべり台

子どもが、本（文字）の世界にはいって得る利益は、
大きく分けて二つあると思います。
一つは、そこから得た自分の考え方、感じ方によって、
将来、複雑な社会で
りっぱに生きてゆかれるようになること、
それからもう一つは、
育ってゆくそれぞれの段階で、心の中で、
その年齢で一ばんよく享受できる、たのしい世界を
経験しながら大きくなってゆかれることです。

——石井桃子

かつら文庫［145］
1958（昭和33）年
A：子どもたちと本を読む石井桃子
B：一人、本の世界へ
C：文庫開設時より50年以上にわたり使われている椅子
デザイン：剣持勇

黒馬物語
ふくろ小路一番地
すばらしいフェルディナンド
名探偵しまうまゲピー
ウサギが丘
町からきた少年

バージニア・リー・バートンの
『ちいさいおうち』（岩波書店）を
松岡（享子）さんに渡されたんですよ、
設計に取りかかる時。
こんなうちのような図書館が良いって。
（中略）ですから東京子ども図書館の
今度の建物は
百年もつように建ててあるんです。

――草野光廣

A

B

東京子ども図書館［144］
設計：草野建築設計事務所／1997（平成9）年
A：レンガの壁に囲まれたおはなしのへや
B：南東側からの全景 竣工当時

日野市立図書館（中央図書館）[142]
設計：鬼頭梓建築設計事務所
1973（昭和48）年
A：L字型に囲まれた中庭
B：移動図書館ひまわり号 東光寺団地での貸し出し
1965（昭和40）年代初頭

A

B

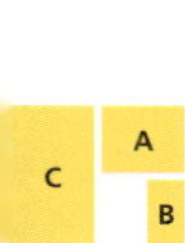

黒石ほるぷ子ども館［143］
設計：菊竹清訓建築設計事務所
1975（昭和50）年
A：中２階より１階を見下ろす
B：東側出入口から見た中２階
C：東から見た外観

その子どものまた子どもが、
このほるぷの子ども館に
来てくださるような、
つぎつぎにそういうことでなければいけない。
すくなくとも、
ひ孫の時代までくらいは、
お付き合いをいただきたい
という気持ちがしているわけです。

——菊竹清訓

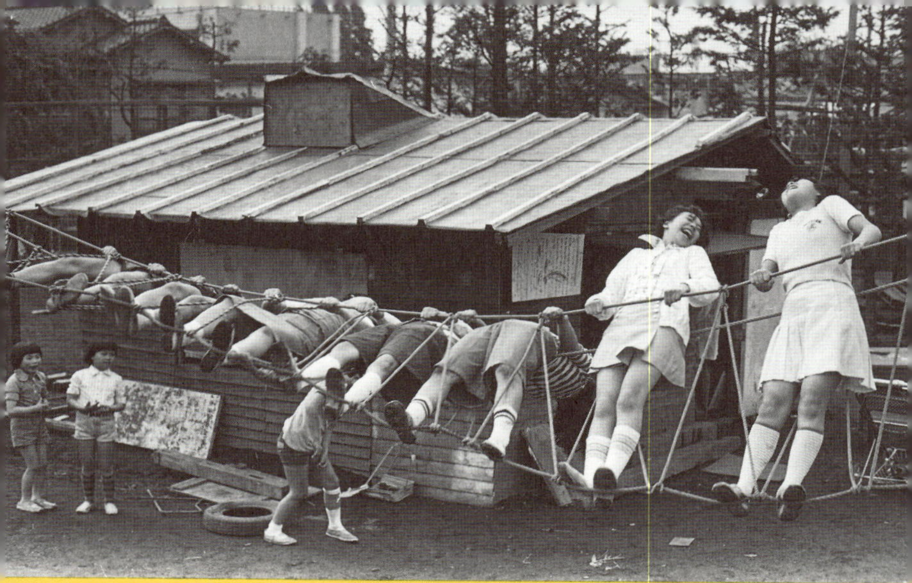

A
B

千歳船橋冒険遊び場「こども天国」（世田谷区）［147］
運営：遊ぼう会　発起人：大村虔一・璋子
1977（昭和52）～1978（昭和53）年
A：モンキーブリッジ　B：小屋づくり

あそびたくなる空間、要素が大事だ。
なぜなら、こどもは、いつだってあそびの天才なのだ。
道ばたの丸太だろうが、部屋の椅子や机だろうが、
それを遊具としてすべてのエネルギーを発散させながら、
楽しげに、しかも真剣にあそび、
色々と学び、新しいあそび方を生み出していく。

——仙田満

A

B

宮城県中央児童館遊具施設サーキット遊具［148］
設計：仙田満（環境デザイン研究所）／1980（昭和55）年
A：北東側バンクとラダー　B：全景

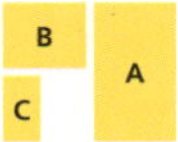

国営昭和記念公園こどもの森［149］
設計：高野ランドスケーププランニング
1984（昭和59）〜1987（昭和62）年
A：《霧の森》
計画：高野ランドスケーププランニング
デザイン・制作：中谷芙二子
B：ふわふわドーム（雲の海）
計画：高野ランドスケーププランニング
デザイン：高橋士郎
C：虹のハンモック
計画：高野ランドスケーププランニング
デザイン・制作：マッカーダム堀内紀子

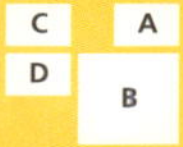

モエレ沼公園［150］
マスタープラン：イサム・ノグチ／監修：イサム・ノグチ財団、ショージ・サダオ
設計統括：アーキテクトファイブ／1982（昭和57）～2005（平成17）年
A：遊具広場、プレイスカルプチャー／1982（昭和57）～1995（平成7）年
B：プレイマウンテン／1990（平成2）～1996（平成8）年
C：遊具広場、オクテトラ／1982（昭和57）～1995（平成7）年
D：モエレビーチ／1994（平成6）～1998（平成10）年

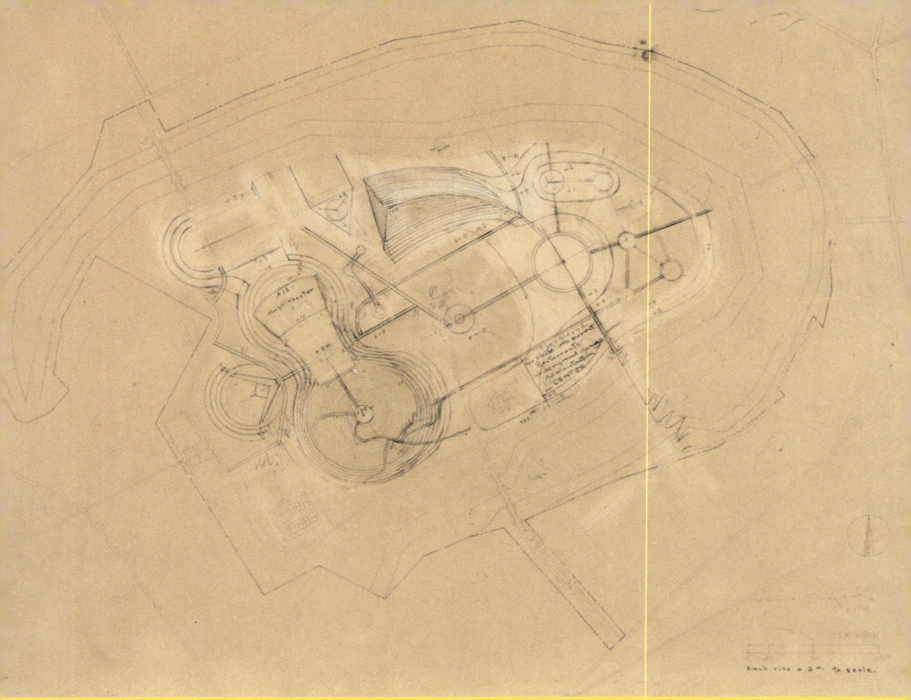

E

E：イサム・ノグチによる配置スタディ
F：空撮

F

ここは、フォルムが必要ですよ。
これはぼくのやる仕事です。
——イサム・ノグチ

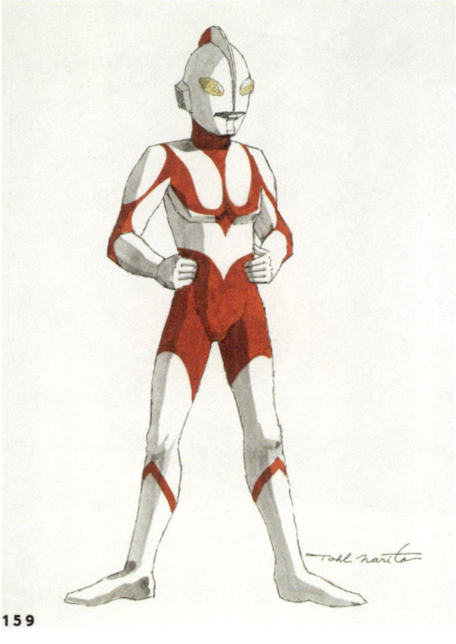

A
B

ウルトラ怪獣原画［155/152］
成田亨
1960年代
A：ゴモラ決定稿［155］
1966（昭和41）年
B：ウルトラマンイラスト［152］
1983（昭和58）年

私は彫刻家です。
年に一度上野の美術館に作品を出展し、
賞を受けたり
美術雑誌に載ったりすると
心から喜びました。
しかし生活のために映画美術をやり、
街中に私がデザインした
ウルトラマンと怪獣が溢れ、
幼児が胸にしっかりと
バルタン星人の人形を抱いて
歩いているのを見て涙がこぼれました。

——成田亨

タンクボール［151］
成田亨
1970年代

第 **5** 章

今、そして
これからの子どもたちへ

1987 -

解説

終章では、学校建築の設計に建築家の参画が求められるケースが増えはじめ、多様な姿が実現するようになった一九八〇年代後半以降にスポットをあてる。

一九八〇年以降に生まれ二〇〇〇年代に成人するいわゆるミレニアル世代は、バブル後の経済の低迷期を経験しているが。生活面での基本的なニーズが充足され、IT社会に生き、他者とのつながりを重視する、現代の主人公である。彼らの成育環境はどのようにつくられてきたのか、その優れた例を本章では紹介する。

一九八〇年代後半より、学校は子どもたちが一日の大半を過ごす生活の場として、空間の豊かさも考慮されるようになった。そのため校内で教室のほかに落ち着ける場所として、デン、アルコーブ、ロフトなどの小空間を設置する学校が現れた。また食事、水飲み場、トイレ、更衣といった生活行為の場を子どもの視点から捉え直し、それらの空間の楽しさと美しさに配慮する設計も見られる。また、これらの建築空間と一体となって実現された学校用家具のデザインも紹介していく。

鉄筋コンクリート校舎が導入される前に主流であった木造校舎は、この頃より再評価の機運が高まった。木造校舎は子どもたちに温かみを感じさせ健康を守る。さらに木造の工法や構造面での技術の進歩により、豊かな空間が実現されている。

一九七〇年代から始まってきた多様な学習形態に対応できるフレ

キシブルな学習空間は、さらに洗練されたかたちで実現されている現代の少子化のため、小規模校も取り上げているが、学年の枠を越えた学びを実現しているケースや、少人数のメリットと空間を積極的に活かした新たな教育内容の充実が図られているケースをここでは見ていく。

地域との連携もこれからの学校の課題となっている。一九八〇年代以降、学校づくりのプロセスに教職員や地域の人々が参画するようになり、学校の教育目標や地域の特色を活かした特色ある学校建築が各地に実現するようになった。平成時代に日本は未曾有の災害を幾度も経験した。被災地の復興において、学校の再建は子どもたちと地域社会の交流に大切な役割を果たし、希望の拠点となっている。国際化や情報化への対応も、これからの学校のさらなる課題となっている。

社会と都市のあり方が大きく変化する現在、子どもの遊び場と遊びの機会を新たな視点で取り戻し、新しい建築のあり方を提案する試みも紹介する。

これからの子どもたちが輝ける場所とはどんな場所なのか。その可能性を探るためのインスピレーションがここにはある。

那覇市立城西小学校［160］
設計：原広司＋アトリエ・ファイ建築研究所
1987（昭和62）年
A：東からの俯瞰
B：図書室
C：中庭
D：自然をモチーフとした様々なパターンの装飾

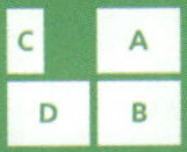

浪合村立浪合小学校
（現・阿智村立浪合小学校）［161］
設計：湯澤正信建築設計研究所
1988（昭和63）年
A：本館（左）と修学館を結ぶハシロ
B：段差のあるランチルーム
C：ラウンジにあるギザギザベンチ
D：教室内の中２階

この小学校には、
その小さな世界の中に、
地理、歴史、自然などの要素が
同様に尊重され
大事にされていることが
はっきりと示されている。
——ルシアン・クロール

出石町立弘道小学校（現・豊岡市立弘道小学校）［162］
設計：Team Zoo いるか設計集団、神戸大学重村研究
1991（平成3）年

A：出石町中心部から見た遠景
B：グラウンド越しに見た中高年教室棟
C：ランチルーム屋上のあずまや

常に子どもたちの傍に居て、
共に遊び、学び、
スポーツや音楽を楽しみ、
暮すことを通じて、
彼らの成長を支え、
励まし、癒すという
サレジオの子育てのスタイル

——藤木隆男

サレジオ小学校［163］
設計：藤木隆男建築研究所／1993（平成5）年

A：小学校全景
B：木製三角椅子／デザイン：坂本和正（方圓館）
C：中庭越しに見た小学校教室
D：ワークスペース

3

千葉市立打瀬小学校［164］
設計：シーラカンス
1995（平成7）年
A：教室とワークスペース
B：建築と一体に計画された学校家具の置かれたワークスペース
C：通り抜けの道「パス」

教室・中庭・アルコーブ・
パス・ワークスペースを
ひとまとめにした
単位（クラスセット）を
校舎敷地に繰り返すなかに、
様々の行為のきっかけとなる場所が
ちりばめられている。

――小嶋一浩

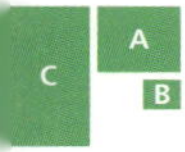

日本女子大学附属豊明小学校［165］
設計：内井昭蔵建築設計事務所
1997（平成9）年

A：ワークスペース
B：北から見た校舎外観
C：図書館内中央らせん階段

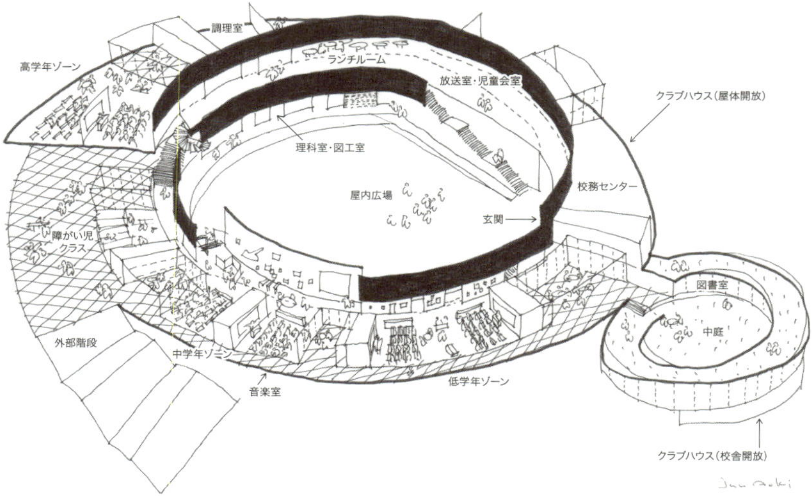

C A
D B

御杖村立御杖小学校［166］
設計：青木淳建築計画事務所／1998（平成10）年
A：御杖村立御杖小学校 ドローイング（再制作） B：全景 C：放送室 D：図書館

実際、それは小学校である前に、
まずはこどもを中心として人が集まる空間だった。
（中略）
そのためにはひとつながりの空間が必要だった。
しかし、それは場所によっての
特性があることが必要だった。
そういうことを
ひとつの明快な形式で実現しようとした。
ゆったりと昇る螺旋の床という建物の基本構成は、
そういうところから出てきている。

——青木淳

山町立明安小学校［167］
計：小沢明建築研究室
02（平成14）年
パサージュ全景
ークスペース
観察池越しに見た校舎

B

内田学園七沢希望の丘初等学校［168］
設計：中村勉総合計画事務所
2008（平成20）年
A：グラウンドから見た南側外観
B：異なる学年が一緒に学ぶ教室

共同性・連帯性を育む環境づくりとして、
全体が「みんなの大きなひとつの家」となることが
コンセプトのひとつだった。

——中村勉

東松島市立宮野森小学校［169］
設計：盛総合設計＋シーラカンスK&H
2016（平成28）年
A：中庭越しに見た校舎外観
B：図書室
C：教室
［p.182上］音楽室
［p.182下］手洗い場
子どもたちがつくった妖精が梁の上に見られる

3-1

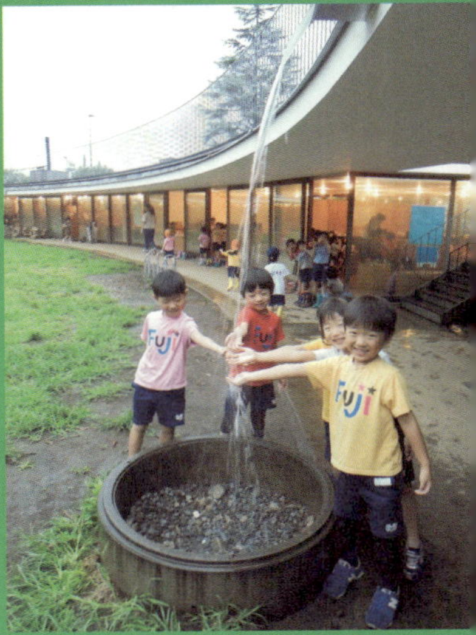

A

B

ふじようちえん［170］
設計：手塚貴晴＋手塚由比（手塚建築研究所）
2007（平成19）年
A：園庭の延長となっている屋根
B：軒先のガーゴイルと雨受け

子どもは屋根に上がると、
おのずと走り出します。
楕円は
「走り回りたい」という
子どもの本能を
くすぐるのです。

——加藤積一

C：教室 庭に面した建具は全開放できる
D：遠景
E：滑り台

昭島すみれ幼稚園［171］

設計：仙田満（環境デザイン研究所）／2012（平成24）年

A：屋外回廊でつながれた園棟

B：はとの庭

C：集落のような分棟式園舎

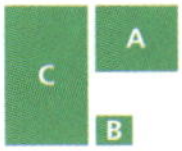

C A
D B

阿久根めぐみこども園［172］
設計：日比野設計＋幼児の城
+KIDS DESIGN LABO
2015（平成27）年

A：北から見た園舎外観
B：遊びの要素を取り入れた階段
C：遊具の配されたピロティ
D：園庭、キッチンと接続するダイニング
［p.190］子ども同士の創造的な遊びが生まれるデン

養老天命反転地［176］
荒川修作＋マドリン・ギンズ／1995〈平成7〉年
楕円形のフィールド

彫刻の森美術館「ネットの森」[177]
設計：手塚貴晴＋手塚由比
(手塚建築研究所)
ネット作品《おくりもの：未知のポケット2》制作：堀内紀子
協力：チャールズ・マッカーダム／インタープレイ・デザイン・アンド・マニュファクチュアリング
2009(平成21)年／2017(平成29)年
右下写真：「ネットの森」外観

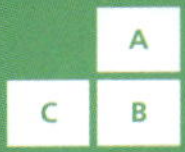

子ども建築塾［173］
NPOこれからの建築を考える　伊東建築塾
2011（平成23）年〜
A：建築家が設計した住宅の見学会
B：「みんなのまち」の模型をつなげ、先生から意見をもらう
C：プレゼンテーションの手法を学ぶ

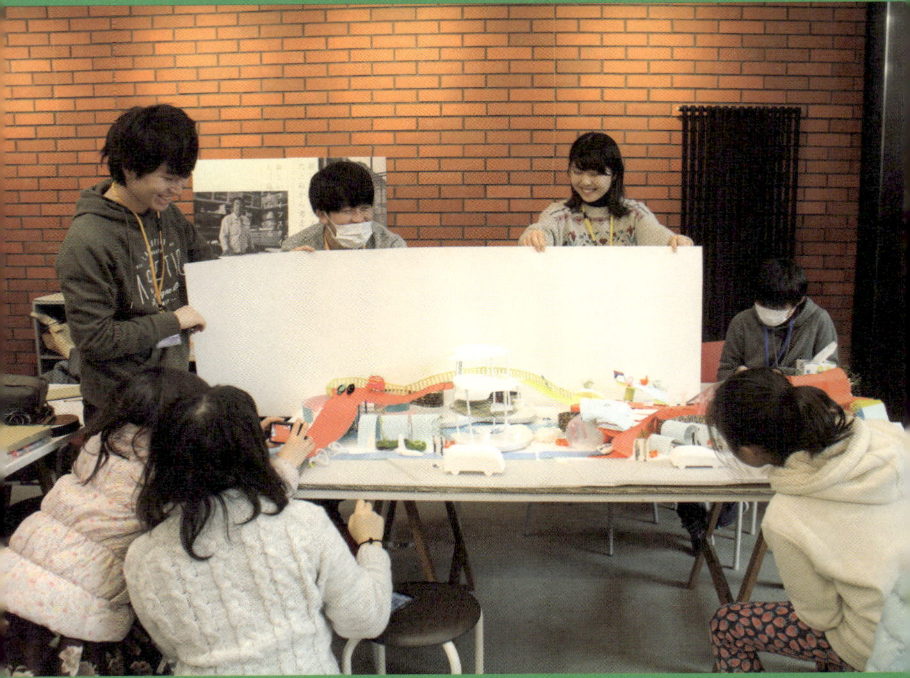

くるりの森［178］
設計：谷尻誠＋吉田愛（SUPPOSE DESIGN OFFICE）
2014（平成26）年
A：全景　B：遊具としてのくるりの森

子どもたちは、
大人では気づかなかった
道のおもしろさを発見していく。

──TOKYO PLAY

A

B

とうきょうご近所みちあそびプロジェクト［174］

一般社団法人TOKYO PLAY、NPO法人ふれあいの家―おばちゃんち

2010（平成22）年（TOKYO PLAY設立年）

A：ご近所みちあそび（品川区北品川旧東海道宿、2016年4月10日）

B：ご近所みちあそび（三鷹市三鷹中央通りM-マルシェ、2017年5月28日）

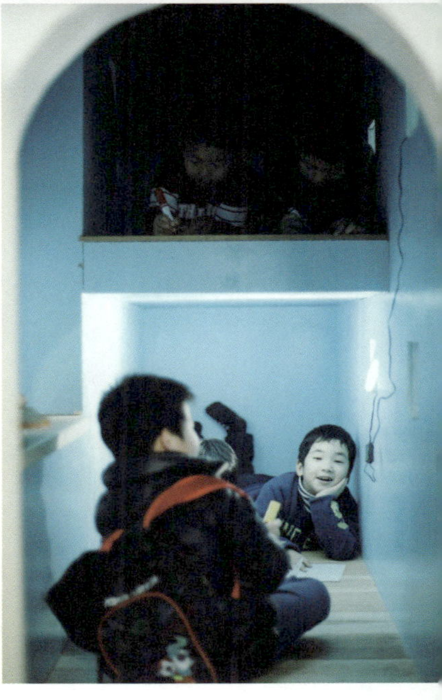

ただのあそび場って？
大人も子どもも没頭できる
自由空間
まちの遊休施設を
あそび場に変貌させる
秋田のイナカ町からはじまる、
あそび革命

――「ただのあそび場　ゴジョーメ」パンフレット

A
B

ただのあそび場　ゴジョーメ［175］
ハバタク／KUMIKI PROJECT
2017（平成29）年
A：1階「あそび人以外登れない壁」と「やりたい放題ウォール」
B：秘密基地のようなスペース「今日は一人にさせてください」

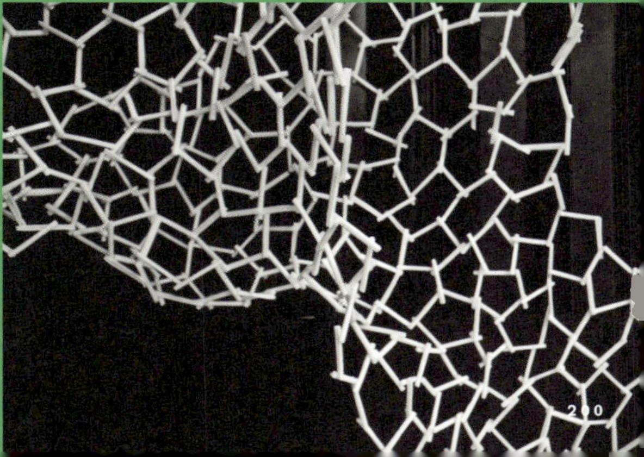

ペタボー［179］
発案：隈太一
製造：クラレファスニング
2017（平成29）年
写真：《増減する壁》
制作：隈太一
2016（平成28）年

図面集

プランで読み解く子どものための建築

子どものための建築の歴史は、アイデアの歴史です。たとえば小学校では、光と風をどう取り入れるか、多目的のオープンスペースやワークスペースをどうつくるか、グラウンドや中庭など、外の空間と教室をどうつなげるかなど、たくさんのアイデアが試みられてきました。現代の私たちの学校は、そうした数え切れないアイデアの積み重ねのうえにできているのです。

ここでは、15の小学校と3つの保育園・幼稚園のプランをご紹介します。それぞれの設計者がどんなアイデアを込めたのか、ぜひともプランから読みとってみてください。そして、みなさんだったらどんな空間、どんな建築をつくってみたいか、新しいアイデアを考えてみてください。

（太田浩史／建築家・ヌーブ）

旧開智学校

1876

古典

移築保存される前の開智学校は、川沿いに立つ逆L字の建物でした。
本館が左右対称なのに教室だけ片側なのは、
運動場を広く取ろうとしたため。
明治以前の寺子屋と比べると動きやすい廊下を持っているのが特徴ですが、
廊下の両側に教室がある「中廊下」のため、
北側が暗くなるという弱点もありました。

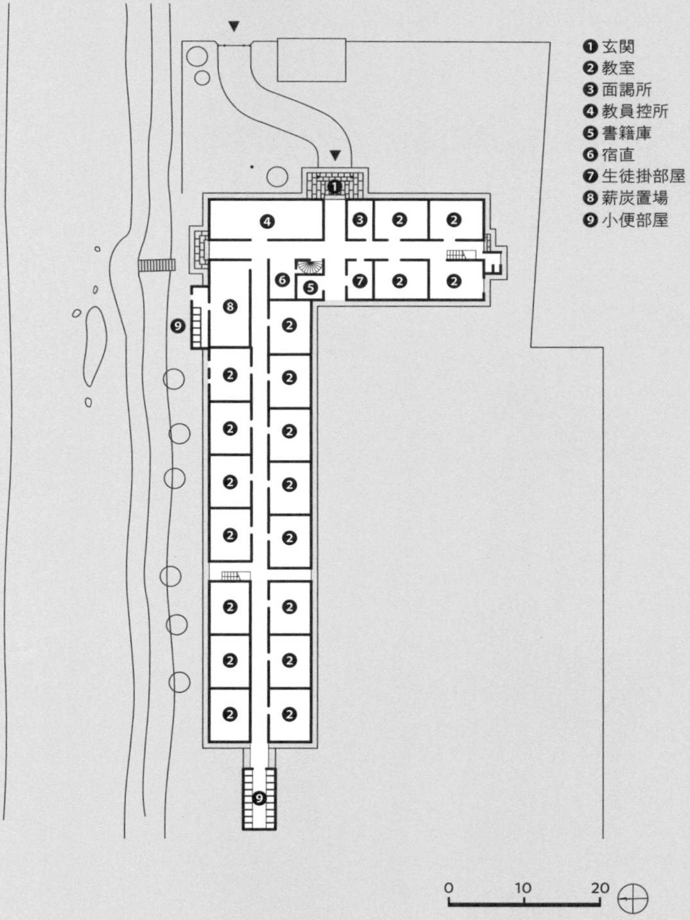

自由学園明日館

1922 - 1927

古典

きれいな左右対称のプランで、
真ん中のホールには暖炉があります。
両側の教室からホールにアクセスする廊下を見ると、
それぞれ3段ほどの小さな階段がありますが、
これは設計者のライトらしいアイデアです。
この階段で天井を低くしておくと、2階の食堂に上ったときに
部屋の高さがより感じられるのです。

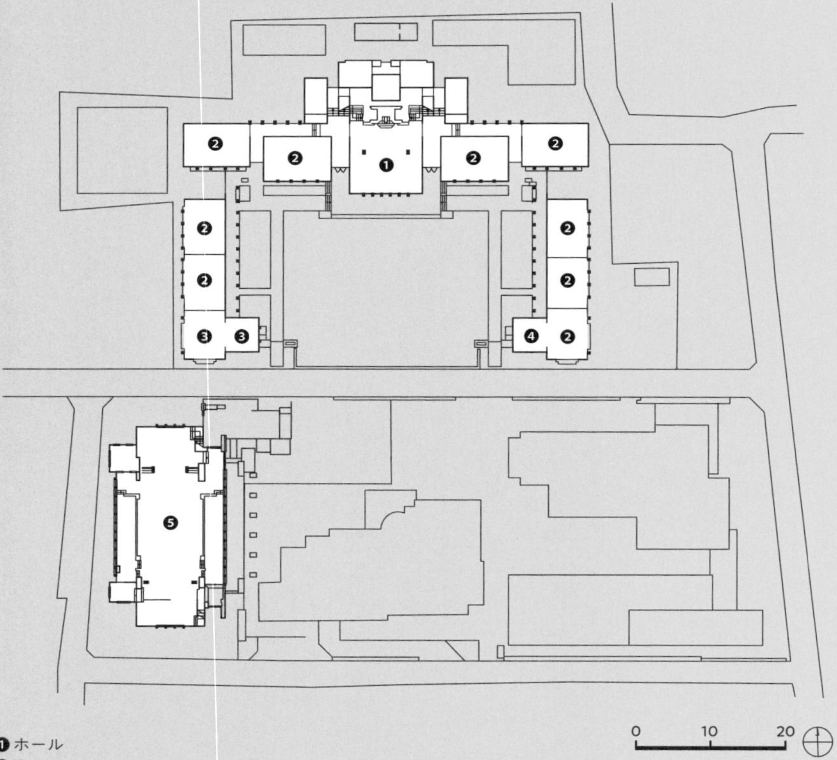

1. ホール
2. クラスルーム
3. アトリエ
4. 職員室
5. 講堂

高野口尋常高等小学校

1937

古典

98mの正面棟に4つの教室棟が繋がるフィンガープラン。
あとで増築された図書室も加わって、
確かに指のようですね。図面は2011年の改修後のもの。
図書館以外の増築部分を撤去して、
真ん中の2つの教室棟をつなぐモダンな外廊下を付け足しました。
片廊下なので、どの教室も南から光が入ります。

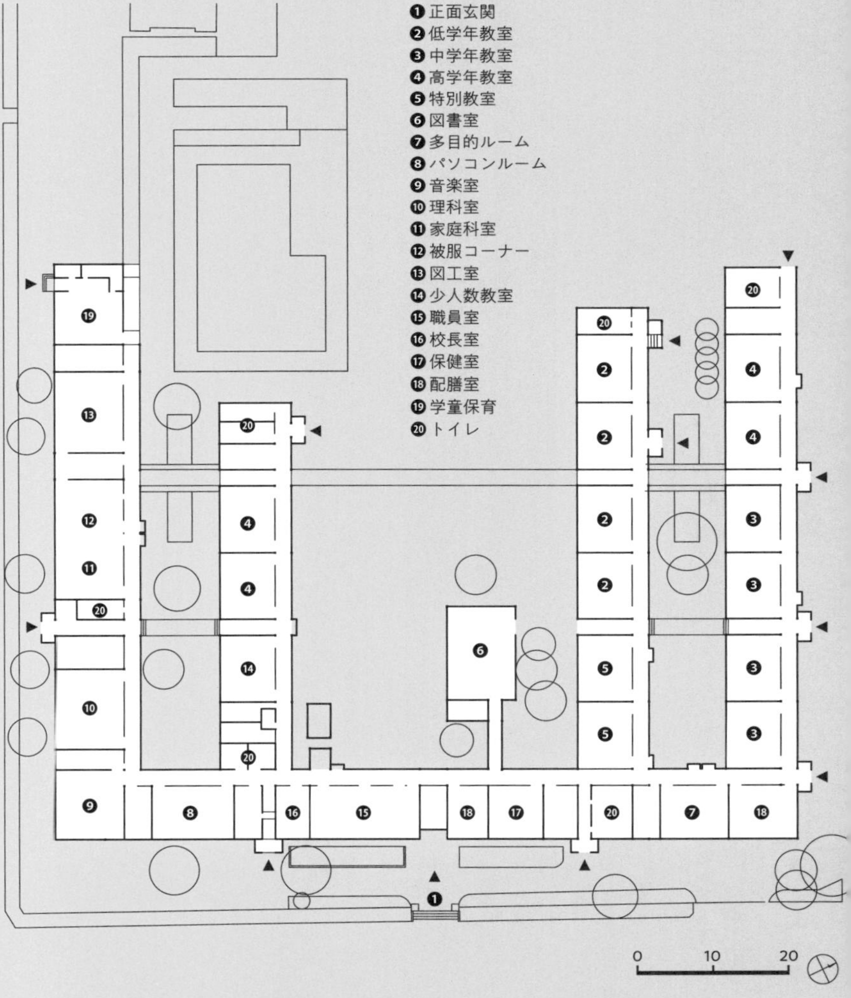

新宿区立西戸山小学校

1951

モダン

戦後の鉄筋コンクリートの学校のお手本として
計画されましたが、4間×5間の教室サイズ、
北側の片廊下など、プランそのものは以前の木造校舎にそっくりです。
南棟の端の宿直室と会議室は2階の職員室と一緒になって、
学校全体を見渡しやすいところにつくられています。

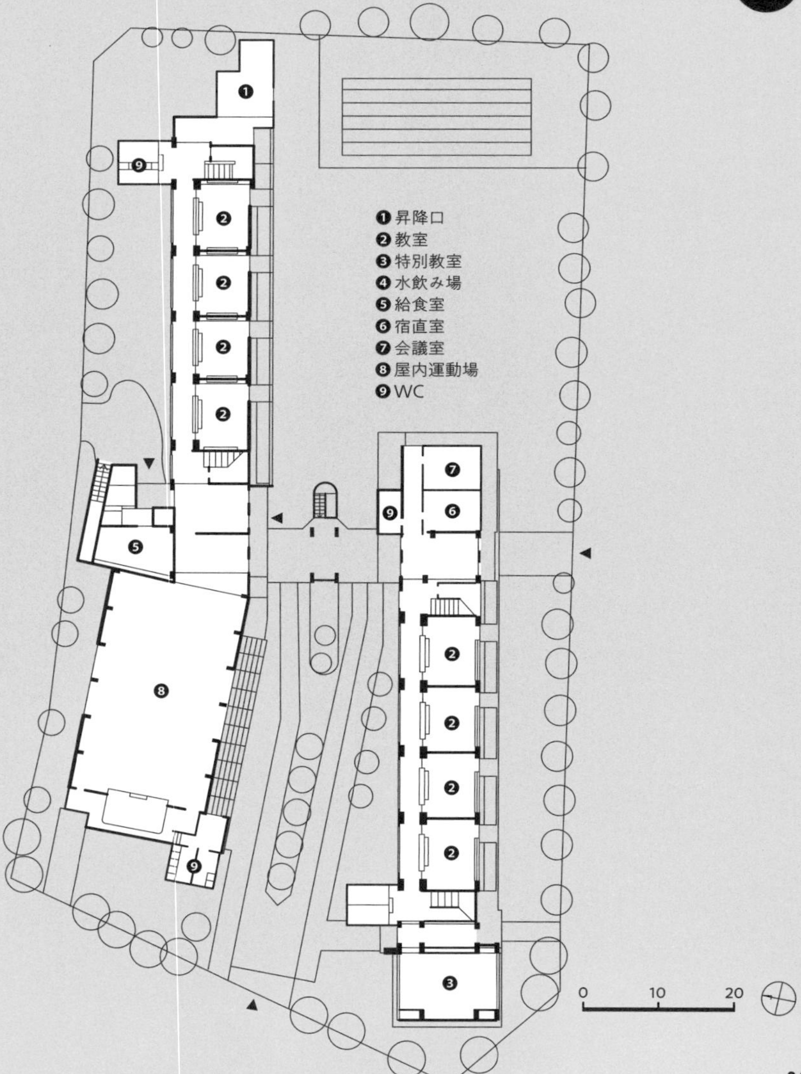

目黒区立宮前小学校旧校舎

1958

モダン

鉄骨造のお手本としてつくられた学校です。
こちらは教室は正方形、
廊下も教室から離されるなど、新しい提案がありますね。
特に注目なのは、北側の高学年教室につくられた前室。
ロッカーなど生活用具が設けられたスペースで、
子どもたちの生活を便利にする新しいアイデアでした。

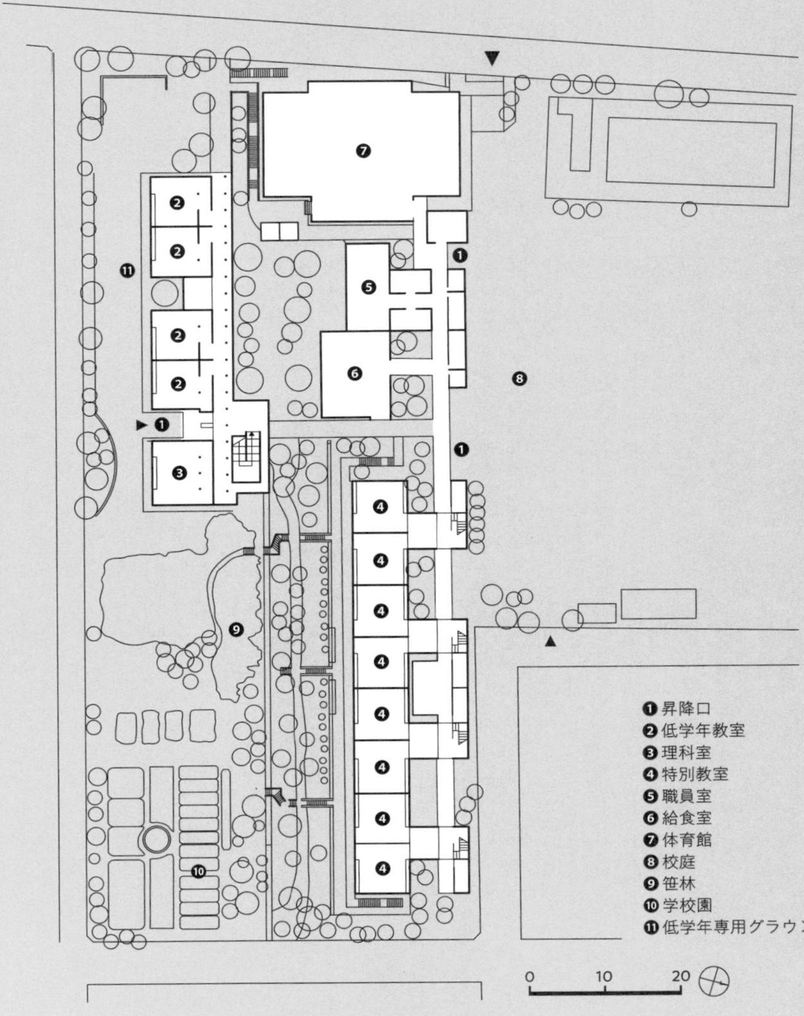

❶ 昇降口
❷ 低学年教室
❸ 理科室
❹ 特別教室
❺ 職員室
❻ 給食室
❼ 体育館
❽ 校庭
❾ 笹林
❿ 学校園
⓫ 低学年専用グラウンド

七戸町立城南小学校

1965

多様性

ぶどうの房のように教室が分かれた配置を
クラスター型と呼びます。ここでは低学年、中学年、高学年と
3つのクラスターが、地形に合わせて伸びやかに配置されています。
あいだは段丘のようなテラスになっていて、池があったり見晴らしが良かったり。
なんだか公園みたいな学校です。

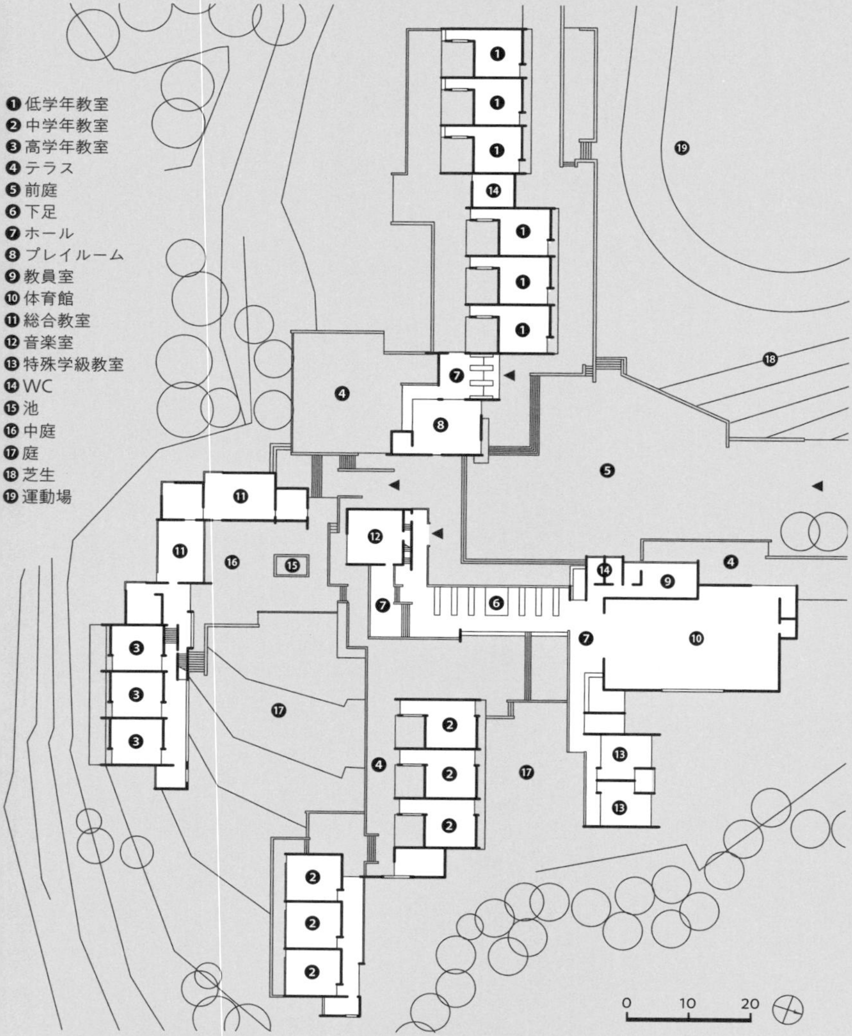

宮代町立笠原小学校

1982

多様性

築山、池、畑に芝生。さまざまに遊べる外部空間と、
回廊、階段つきの変わった教室が、
映画の舞台のように拡がっています。教室にある出っぱりは、
外を眺めながらおしゃべりできる談話室。
みんなが思い思いに過ごせるための居場所が、
建物の中にも外にも用意されています。

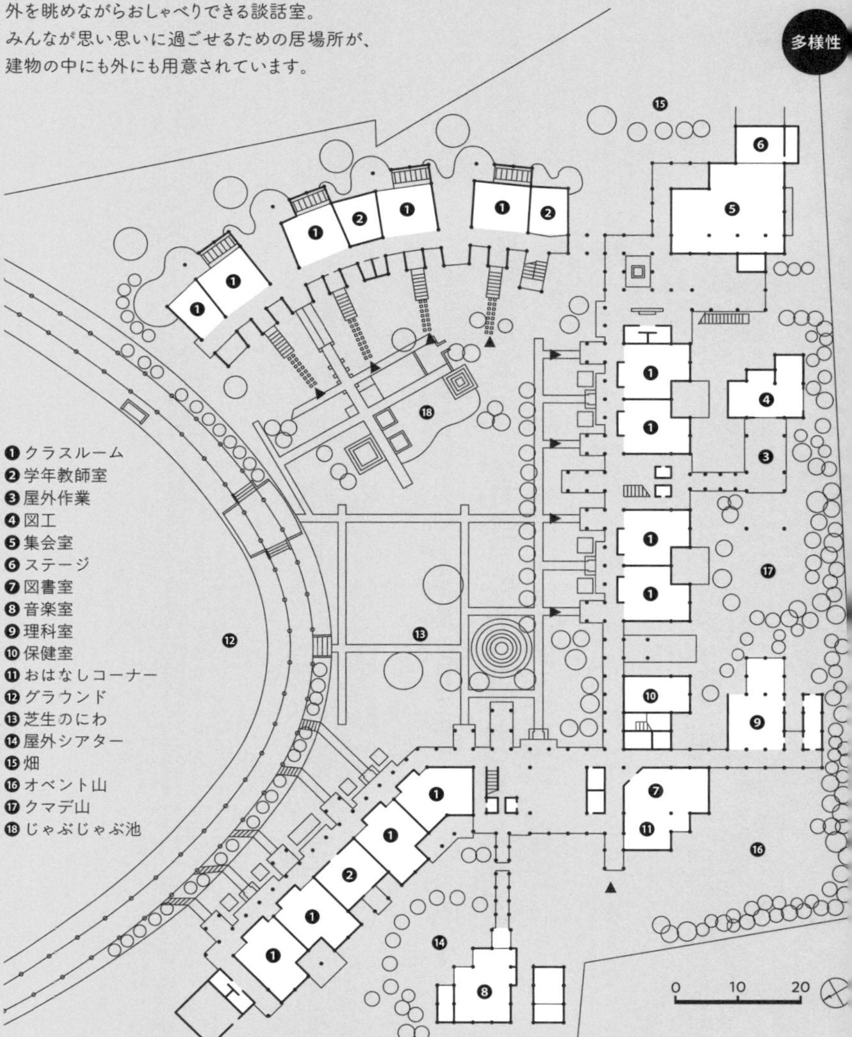

❶クラスルーム
❷学年教師室
❸屋外作業
❹図工
❺集会室
❻ステージ
❼図書室
❽音楽室
❾理科室
❿保健室
⓫おはなしコーナー
⓬グラウンド
⓭芝生のにわ
⓮屋外シアター
⓯畑
⓰オベント山
⓱クマデ山
⓲じゃぶじゃぶ池

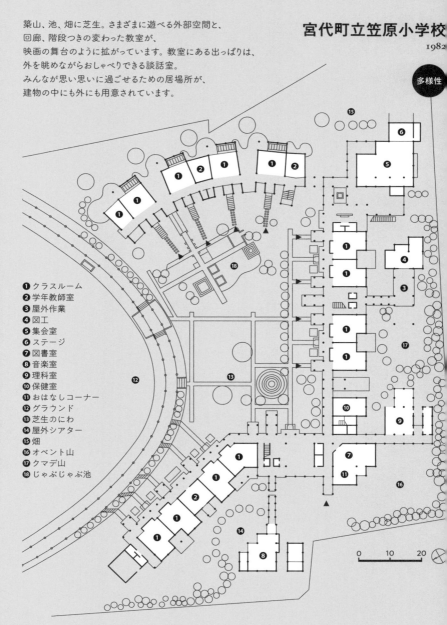

加藤学園暁秀初等学校

1972

多様性

壁もない、クラスも学年もない日本初の「オープンスクール」です。
右側の大きな正方形のそれぞれが、
2学年＝2クラス用の教室ですが、隣の学校と比べると
本当に大きいですね。床はじゅうたん敷きで、
家具を動かしたり座り込んだり、使い方は自在です。
どんな授業が行われるのか、興味津々です。

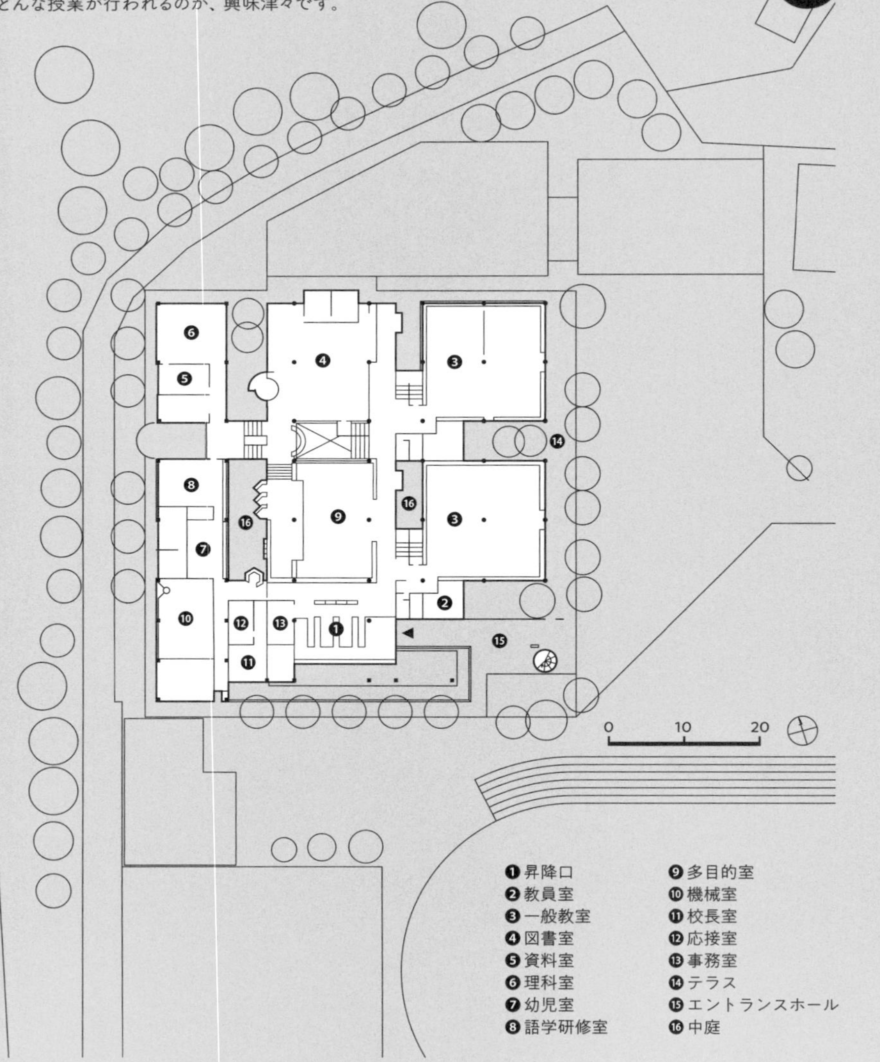

❶昇降口
❷教員室
❸一般教室
❹図書室
❺資料室
❻理科室
❼幼児室
❽語学研修室
❾多目的室
❿機械室
⓫校長室
⓬応接室
⓭事務室
⓮テラス
⓯エントランスホール
⓰中庭

赤瓦屋根と中庭のガジュマルが印象的な、
集落のような学校です。プランをよく見ると、
1学年あたり4～5つの教室がまとめられていたり、
3年生以下は中庭が、
4年生以上は屋内のオープンスペースが
中心となっているなど、配置の考え方が
はっきりと浮かんできます。

那覇市立城西小学校

1987

地域性

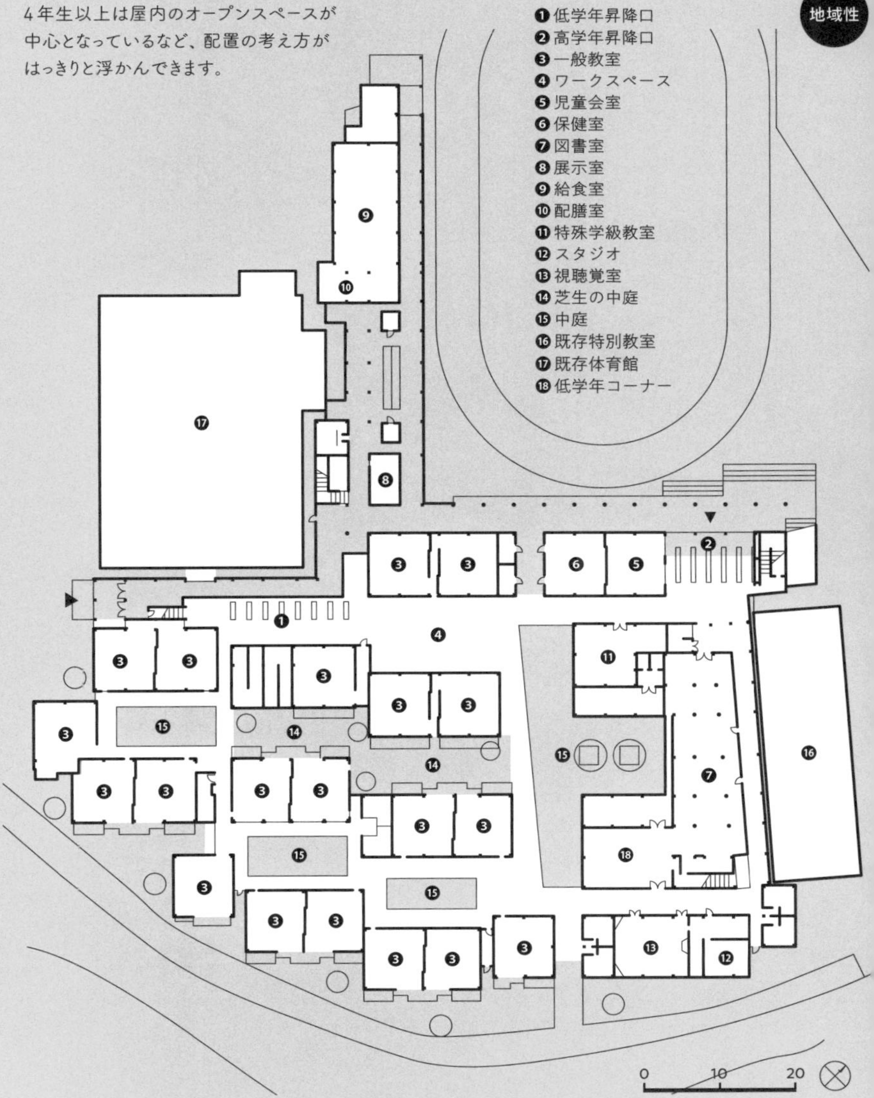

浪合村立浪合小学校

1988

地域性

小学校・中学校に公民館機能が合わさり、
保育園が隣接するという村民すべての学びの場でしたが、
中学校は2011年に廃校になりました。
見どころは、ランチルームと音楽室がつながっているところ。
小さな子も大きい子も一緒に音楽を聴きながらお昼を食べられますし、
村のコンサートホールにもなるのです。

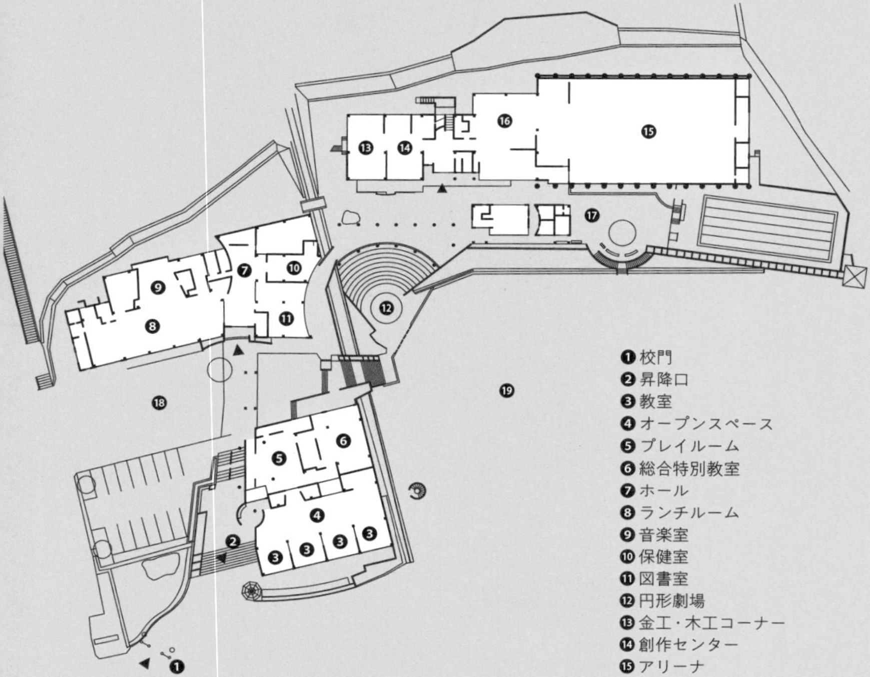

❶校門
❷昇降口
❸教室
❹オープンスペース
❺プレイルーム
❻総合特別教室
❼ホール
❽ランチルーム
❾音楽室
❿保健室
⓫図書室
⓬円形劇場
⓭金工・木工コーナー
⓮創作センター
⓯アリーナ
⓰体育メディアセンター
⓱こかげ広場
⓲遊び場グラウンド
⓳グラウンド

サレジオ小学校

1993

地域性

こちらも小中併設校ですが、
中学校棟が中庭に面した閉じた配置となっているのに対し、
小学生棟は小さな家のように分散しています。
教室は、正方形の授業スペースに
円弧壁のワークスペースが付いた独特のかたち。
周囲のデッキや原っぱを見やすいように、窓の位置も工夫されています。

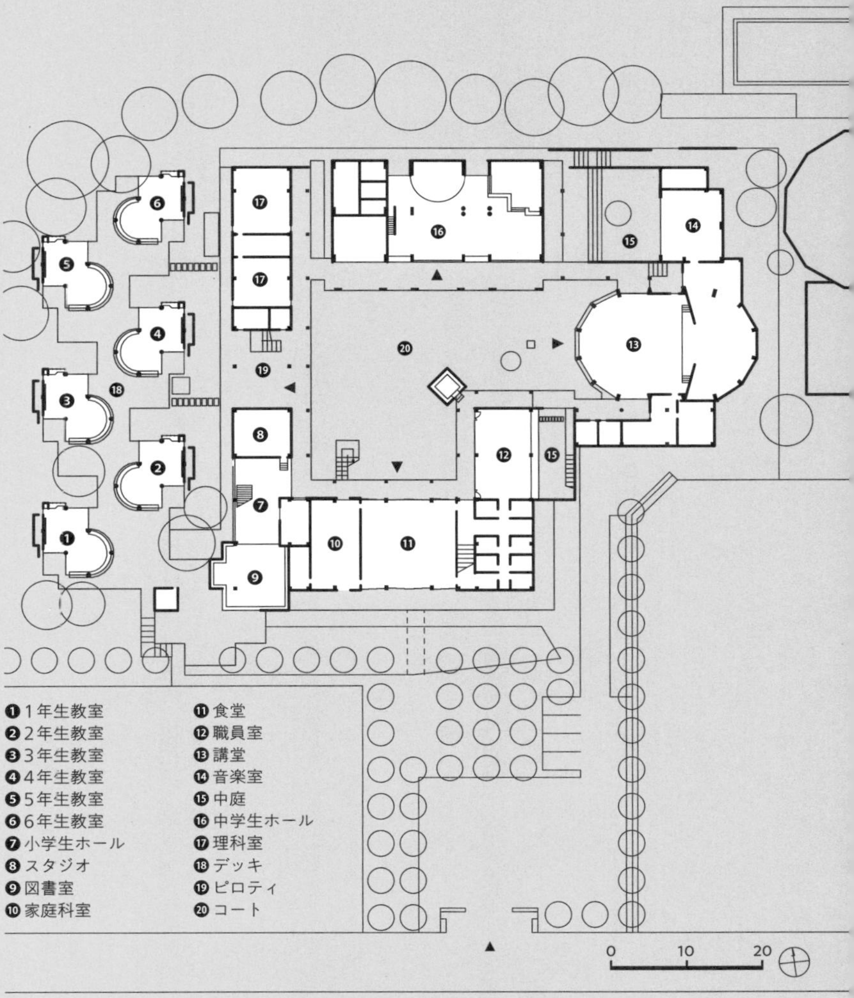

❶1年生教室
❷2年生教室
❸3年生教室
❹4年生教室
❺5年生教室
❻6年生教室
❼小学生ホール
❽スタジオ
❾図書室
❿家庭科室
⓫食堂
⓬職員室
⓭講堂
⓮音楽室
⓯中庭
⓰中学生ホール
⓱理科室
⓲デッキ
⓳ピロティ
⓴コート

千葉市立打瀬小学校

1995

個性

裏をつくりがちな大きな体育館が、円く、傾き、
グラウンドからのドラマチックな導入部になっています。
その下の低学年教室では、規則正しい教室群が、
図書コーナーのスラーのような曲面壁とクレッシェンドのような階段室でつながれていて、
2つのリズムが共存する楽譜のようです。

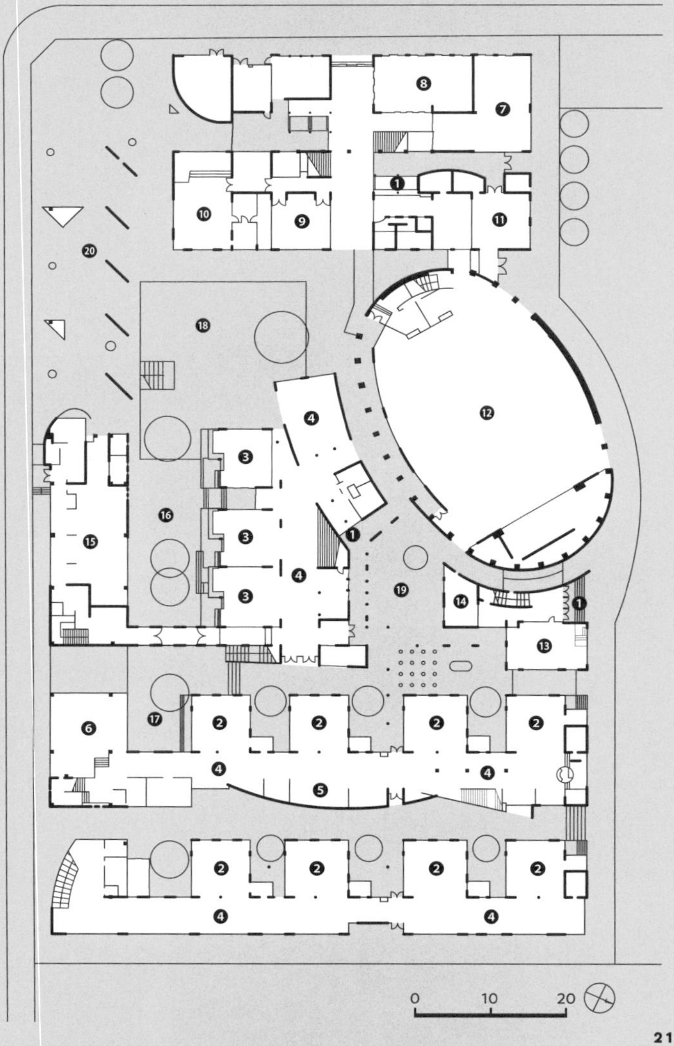

❶昇降口
❷低学年教室
❸中学年教室
❹ワークスペース
❺図書コーナー
❻工作室
❼家庭科室
❽CAI室
(コンピューター室)
❾視聴覚室
❿音楽室
⓫交流広場
⓬アリーナ
⓭保健室
⓮事務室
⓯調理室
⓰ランチの庭
⓱中庭
⓲冬の庭
⓳夏の庭
⓴ピロティ

御杖村立御杖小学校

1998

この学校はなかなか描けません。
らせんのスロープが教室をつなげていて、
図面だと途中で切れてしまうからです。
真ん中は体育館としても講堂としても使える屋内広場。
スロープの下をくぐって、その広場に入る昇降口を描いてみました。
いろいろな所にらせんに上る階段があるのがわかります。

❶昇降口
❷屋内広場
❸中学年教室
❹障害児クラス
❺理科室
❻被服室
❼図工室
❽音楽室
❾縁側
❿視聴覚室
⓫図書室
⓬受付
⓭会議室
⓮器具室

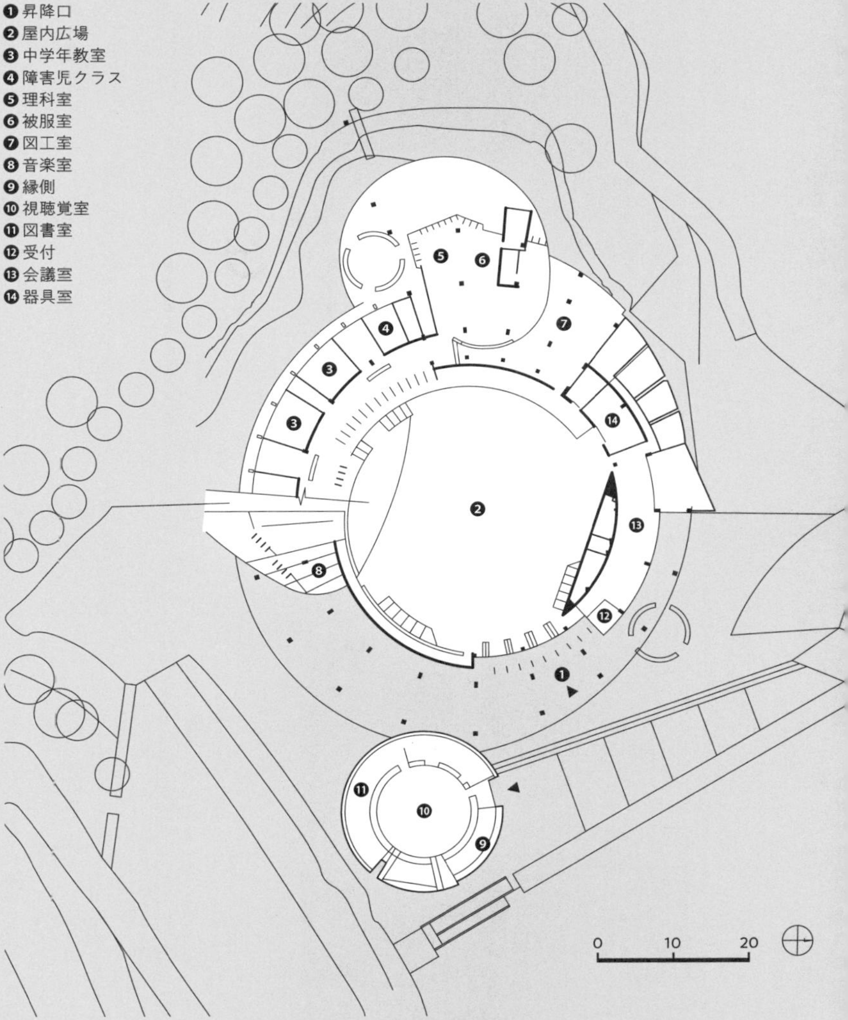

金山町立明安小学校

2002

木造

地元の杉をふんだんに使った雪国の学校です。
コの字のワークスペースは
冬も居心地の良い子どもたちの居場所ですが、そのコーナーには
校務センターと保健室が配されて、大人がそっと見守れるようになっています。
全校生徒が集まるというランチルームからの、
観察池への眺めも良さそうです。

❶ 昇降口
❷ ワークスペース
❸ 普通教室
❹ ランチスペース
❺ メディアスペース
❻ 保健室
❼ 理科図工室
❽ 調理室
❾ 和室
❿ 音楽室
⓫ 保健室
⓬ 会議室
⓭ 校長室
⓮ 校務センター
⓯ エントランスギャラリー
⓰ 駐車場
⓱ エントランス広場
⓲ 緑地広場
⓳ 便所
⓴ 観察池

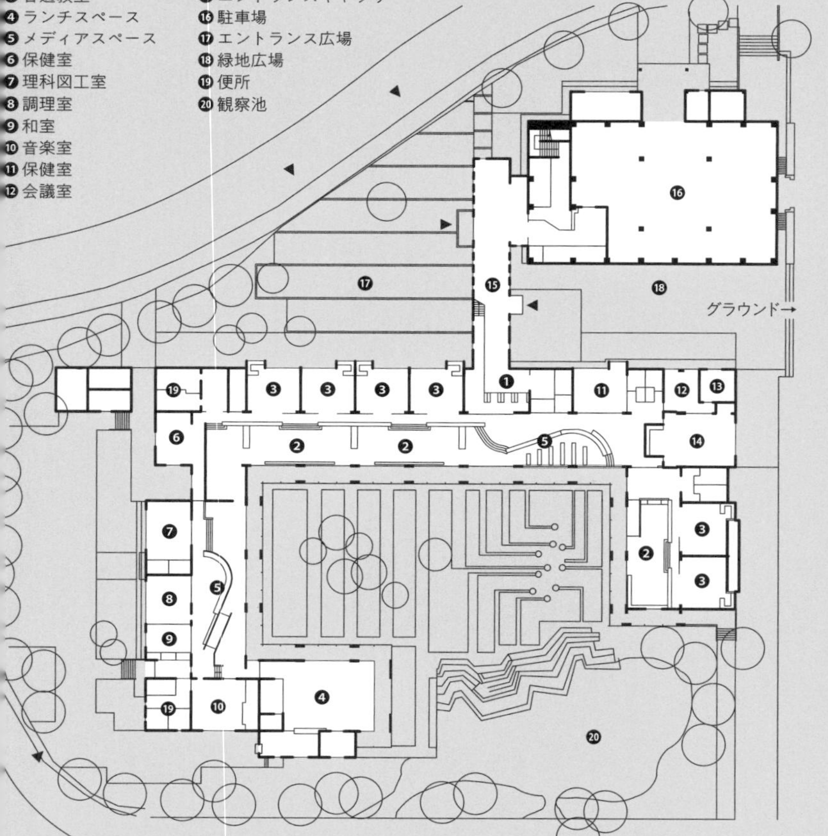

森に向かって大きな窓を持つ木造の学校です。
廊下を進むと、
教室が右に左に交互に現れるのが面白いですね。
140年前の開智学校は中廊下で暗い部屋もあったと書きましたが、
こちらの廊下は天井に明かり取りがあるので、
光が隅々まで行きわたります。
学校もずいぶんと進歩しました。

東松島市立宮野森小学校

201

木造

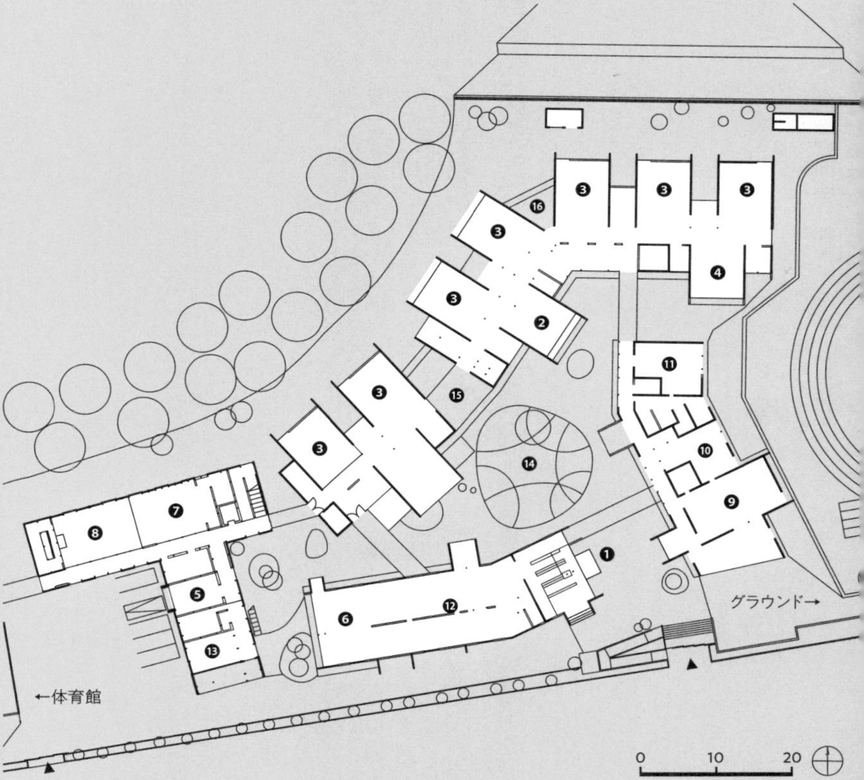

❶昇降口
❷特別活動室
❸普通教室
❹生活科室
❺配膳室
❻PC室
❼理科室
❽図工室
❾職員室
❿校長室
⓫保健室
⓬図書室
⓭地域ラウンジ
⓮中庭
⓯土間
⓰外の教室

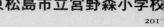

津山口保育園

1974

保育園

ちらは保育園です。
育室が「ゆかの間」でじゅうたん敷き、
通保育室と読書コーナーが「いすの間」で板張りになっていて、
かの間ではお昼寝、いすの間ではお食事というように分けて使います。
事をゆっくり食べても、
んなのお昼寝の邪魔にならないのがいいですね。

- 園庭
- テラス
- 3才児保育室
- 4才児保育室
- 5才児保育室
- 共通保育室
- 保母コーナー
- プレイルーム
- 遊戯室
- 読書コーナー
- 事務室
- 厨房
- 観察室
- トイレ

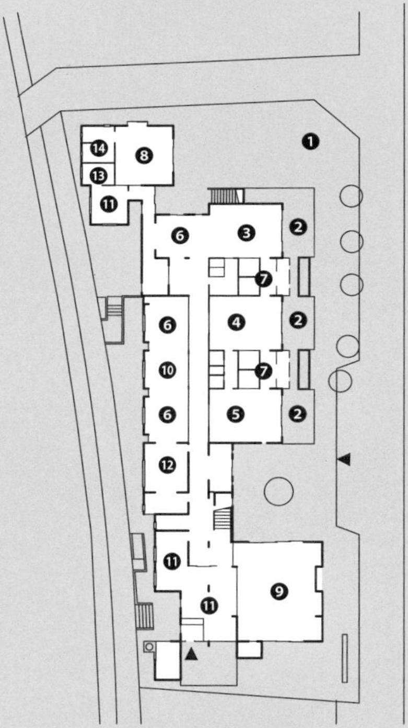

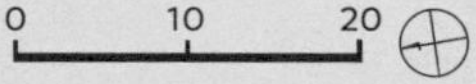

田上町竹の友幼稚園

197

大きな鉄骨屋根の下に段々のホールがひろがる、
宇宙ステーションのような幼稚園です。
トイレとプレイハウスから2階にのぼれて、
司令塔のように辺りを見わたせます。
壁も丸かったり、窓があったり、45度に傾いていたりと工夫いっぱい。
お気に入りの場所がたくさんありそうです。

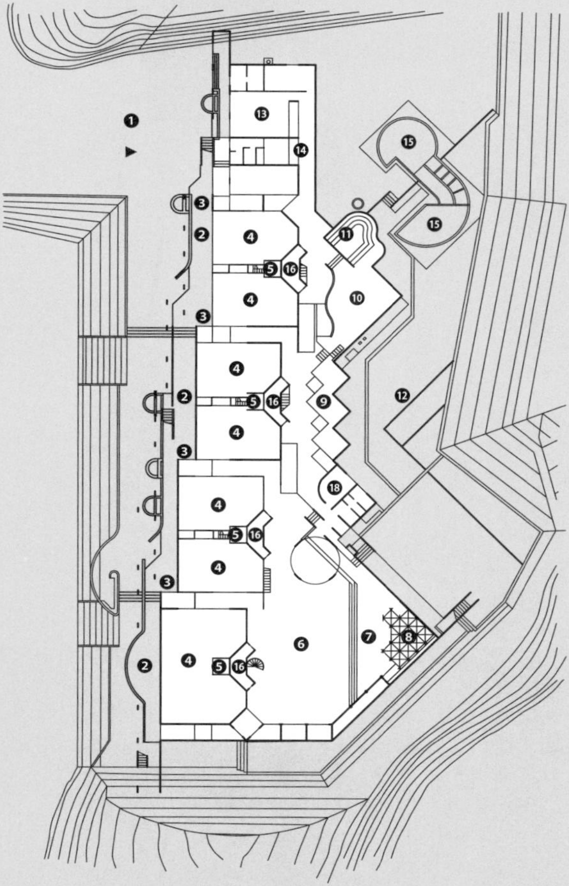

❶サービスヤード
❷がんぎ
❸昇降口
❹クラスルーム
❺プレイハウス
❻ホール
❼ステージ
❽ジャングルジム
❾ワークスペース
❿学習センター
⓫レンズの家
⓬遊び庭
⓭給食室
⓮配膳ホール
⓯プール
⓰トイレ
⓱職員便所
⓲保健室

つの保育室と大きな遊戯棟がばらばらに分かれています。
れらをつなぐのが迷路のような回廊やデッキ。
階の回廊も歩きまわれて、保育室のロフトに入ることもできます。
んなが歩く様子を、見下ろしたり、見上げたり。
登りみたいに楽しい立体的な幼稚園です。

昭島すみれ幼稚園

2012

幼稚園

- 正門
- バス出入り口
- 園庭
- 保育室
- 砂場
- デッキ
- ほしの庭
- はとの庭
- すみれの庭
- ガーデンキッチン
- ホール
- 調理室
- 食品庫
- 駐車場
- 西門
- 玄関
- 事務室
- 教在庫
- トイレ
- 更衣室

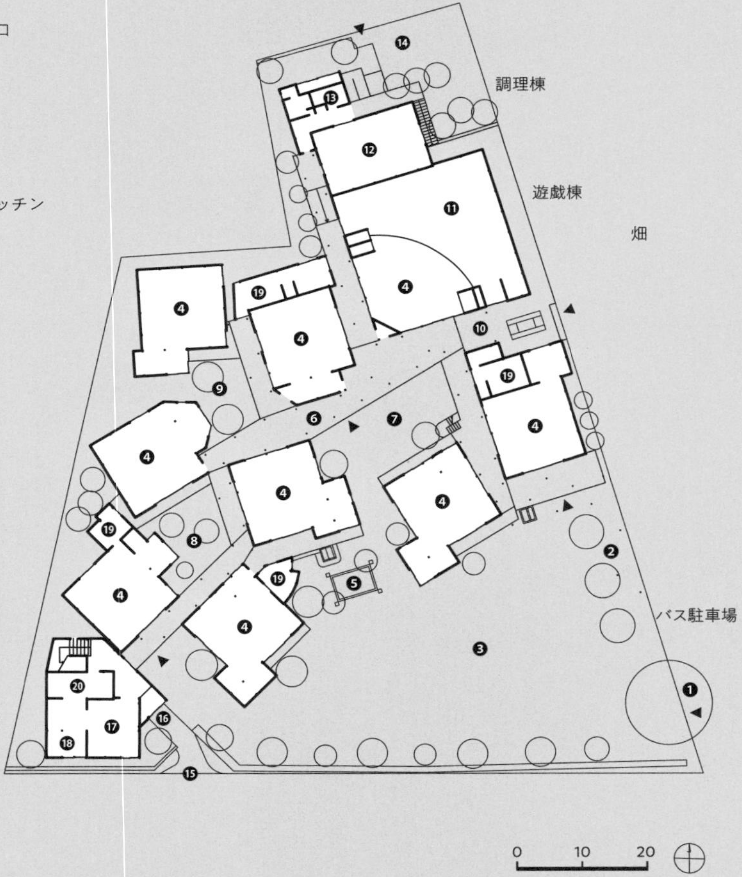

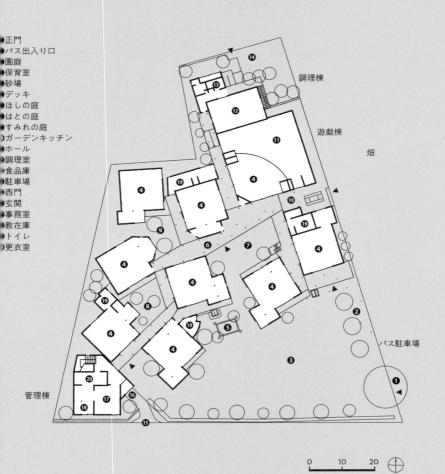

戦後日本の遊び場小考

「こんどの土曜日、フクロウ森のむこうの原っぱで、スギでっぽうごっこをやります。来てください。あきら・なおゆき・かずお・ひろ子」

読み終わった先生は、なおゆきたちのほうをむいて、いいました。

「ありがとう。いくわよ。」

古田足日『モグラ原っぱのなかまたち』[*1] より

東京のはずれの小学校、サクラ小学校を舞台としたこの物語が出版されたのは一九六八年。半世紀が経った今、かつて子どもたちの格好の遊び場であった原っぱ、裏山、空き地、車の来ない未舗装道路はいまや稀少となり、遊びの環境も遊びの内容も変貌を遂げた。子どものためにつくられてきた建築といえば教育施設、そして保育施設が想起されるが、ひとが成長する上では勉強に先立ち、まずは遊びが欠かせない。遊びを通してひとは感覚を発達させ、心身を養い、他者との関わり方を習得する。しかし、弱者である子どもの、かつ遊びを対象としている以上、その建設も保存も研究のいずれについてもまとまった取り組みは決して多くはない。展覧会での紹介も多くはないが、そうした遊びの空間を紹介することが、このたびの展覧会のもう一つの目的である。とくに、冒頭に述べたような変わりゆく戦後の環境における遊び場の取り組みについて、あくまで断片的ではあるがいくつか振り返ってみたい。

一九四〇年代末よりストックホルム・フンムレゴーデン公園にプレイスカルプチャー［cat.109参照］を実現していたE・M・ニールセンの仕事をはじめとするヨーロッパの遊び場のデザインの動向が伝わり、日本国内でも遊び場のデザインに関する関心が次第に高まる。そして一九五六年の都市公園法制定の翌年一九五七年に「遊び場の研究会」が発足した。ここには東京都、横浜市、埼玉県、千葉県など各行政の公園関係各部、日本住宅公団、建設省、東京大学および京都大学の建築科および東京大学農学部などから、造園家、建築家、児童研究家、保育問題研究者、デザイナーといった専門家の有志が集まった。その顔ぶれのなかには、その後、保育施設の設計を数多く手がけていく小川信子をはじめ女性の積極的な参加もあった。会の中心となったのは、建設省計画局の池原謙一郎[*2]と東京都建設局の北村信正であった。会の研究の成果として、プレイスカルプチャーを設置した「入谷町南公園」（一九五八）が実現された。戦前より砂場、ぶらんこ、滑り台は公園の三種の神器であったが、ここでは広場における子どもの循環や施設配置が空間全体で検討され、その中にコンクリート遊具、石の山が設置された。石の山はその後各地の児童遊園の一部として普及する。また同時期に池原らが設計にあたり、赤羽、多摩平、ひばりヶ丘などに建設された一〇〇〇戸規模の住宅公団の公営団地においても、これらのプレイスカルプチャーが幼児のための遊び場「プレイロット」［cat.109］のなかに設置された。当時同公団の設計チームの一員であった田畑貞壽は、当時の試みを回顧して「欧米の影響と日本の作庭の融和だった」[*3]と語っており、遊具を配置する際、日本の古典的な庭園の配置が手がかりとされたことを示唆する。

この石の山はその後六〇年代に入って、タコすべり台［cat.146］が生まれるきっかけとなった。タコすべり台は、一九六五年に初めて新西新井公園（東京都足立区）に設置された遊具で、前田屋外美術が石の山にタコの頭をつけて考案した。その後四種類に標準化され全国に展開している。抽象彫刻の要素と、子どもたちに親しみやすい生き物の要素が融合したこの遊具は日本固有の遊具デザインとしても評価され、二〇一二年、デンマーク・コペンハーゲンに開設されたスーパーキーレン広場にはタコすべり台が招致され黒い塗装をまとって設置された。

一九六五年は、横浜こどもの国が竣工した年でもある。同園は、都市計画家・浅田孝が全体の計画を手がけた。浅田孝は丹下健三の右腕であった人物でメタボリズム運動の結成者でもあり、同園の主要な施設には大高正人、大谷幸夫、菊竹清訓、黒川紀章、といった当時脚光を浴びていた同建築運動のメンバーが携わった。大谷幸夫と共に児童遊園［cat.111］の設計にあたったのが、彫刻家のイサム・ノグチであった。同時期ノグチはニューヨークで子どものためのプレイグラウンドを建築家のルイス・カーンと設計を進めるものの市側との調整がつかず計画に終わっていた。[*4] １９３０年代から温めてきた子どものための遊び場のデザインを、イサム・ノグチは初めて横浜で実現することができたのである。ノグチがデザインした丸山、遊具オクテトラ、アーチ型エントランスは現存している。また札幌には遺作となったモエレ沼公園がある[cat.150]。ところで、こどもの国園内の林間学校施設を手がけていた菊竹清訓のスタッフには、仙田満がいて現場常駐しており、「自然の丘からノグチワールドの特徴的な美しい丸みをもった丘に変えていく様子を見て本当に驚いた」という。[*5] 仙田満は一九六八年に独立し自身の建築設計事務所を構え、以来、子どものための遊具や遊び場、子どもを対象とした公共施設を数多く手がけ、この領域の第一人者として活躍してきた[cats.148, 171]。

一九六〇年から一九七〇年の第一次交通戦争とよばれる時期、戸外で遊ぶ児童歩行者の自動車事故の件数は激増した。そうした都市の環境の窮状を自身を含む子育ての課題としてとらえた都市計画家の大村虔一と妻・璋子により、ヨーロッパで始まった新しい遊び場の取り組み「冒険遊び場」に関する一冊の書物が『都市の遊び場』[*6]として翻訳された。当時、国内各地では同時多発的に、市民と行政の両側から遊び場対策が始まっていた。大村虔一が憂慮したのは遊び場環境のみならず、遊びの質の変化だった。一九七五年の夏休みに期間限定で東京都世田谷区経堂の烏山緑道予定地を借りて冒険遊び場を設置。大村夫妻が発起人となり区役所とボランティアの協力を得て、デンマーク発の冒険遊び場をモデルとして日本で実現した。冒険遊び場はプレーリーダーとよばれる大人の手を借りて子どもたちが、工具を用いた小屋づくりやたき火を用いた遊びを自ら責任を持ち、主体的に自由に創造することができる遊び場である。一九七七年から七八年にさらに発展して千歳船橋冒険遊び場「子ども天国」[cat.147](東京都世田谷区桜丘五丁目)として実施され、運営組織づくり、地域住民との連携、廃品回収事業による資金集めなど、様々な課題にボランティア団体「あそぼう会」が本格的に取り組み、住民参加型の公園づくりの先駆となった。冒険遊び場は海外から導入された遊び場のコンセプトをあまり変えることなく国内に定着させた事例であるが、子どもたちの遊びのあり方を社会な視点でとらえたという点からも評価が高い。

経堂の冒険遊び場に出あい関わるようになった人物にランドスケープアーキテクトの高野文彰がいた。高野は米国でランドスケープアーキテクト、ローレンス・ハルプリンの薫陶を受け、帰国間もない頃であった。高野はその経験をアーティストとのコラボレーションや、自然との融合といったかたちで自身のデザインに取り入れ、国営沖縄海洋博覧会記念公園・ちびっことりで〈ワラビ・グスク〉（一九七九）や国営昭和記念公園・こどもの森［cat.149］などにおいて、より洗練されたかたちで子どもの遊び場を実現した。子どもの遊び場は小規模なものはコミュニティから、地区、まち・村、地域、国土レベルまで存在するが、高野はその後も国営滝野スズラン丘陵公園（一九九八－二〇〇〇）といった大規模で雄大な遊び場のデザインを実現している。高野は子どものための遊び場を様々にデザインした長年の経験から、その設計プロセスを、「子どものために」「子どもたちと」「子どもたちによる」という三つの視点から整理し、遊び場のあり方を子どもたちの側からとらえ、さらなる可能性を開いている。

近年の遊び場のデザインでは、建築家やアーティスト、多領域の専門家による新しいかたちの遊び場が興味深い［cats.173-179］。また建築そのものに遊びの要素をたくみに取り入れた保育園幼稚園の例もある［cats.170-172］。本展は、こうした遊びの場も紹介し、都市空間に点在する子どもの居場所を見ていく。遊び場のデザインは時代を映し出す大文字のデザインではないが、見過ごされがちなこうした小さなデザインに目を向ける機会となれば幸いである。日本の遊び場のデザインは、ドイツとスイスの美術館でも紹介され近年評価が進んでいる[*7]。環境保護の意識が着実に高まるなか、今後の子どもたちの遊び場に少しでも多くの自然が取り戻され、また優れたデザインの遊び場が心豊かな大人たちによって少しでも多く、未来を担うこれからの世代にもたらされることを願う。

（大村理恵子／パナソニック 汐留ミュージアム学芸員）

註釈

*1 古田足日『モグラ原っぱのなかまたち』一九六八年、あかね書房

*2 一九二八年愛知県名古屋市生まれ、二〇〇二年没。東京大学農学部卒。造園家、環境デザイナー。建設省、日本住宅公団を経て、一九六六年に環境計画研究室設立。一九七八年筑波大学教授。

*3 二〇一八年六月一八日、本人の談。田畑貞壽は一九三一年長野生まれ。ランドスケープエコロジスト、プランナー、都市計画家、造園学者。一九九一年日本造園学会会長。千葉大学名誉教授。

*4 イサム・ノグチ／ルイス・カーン『プレイマウンテン』企画監修ワタリウム美術館、一九九六年、マルモ出版

*5 仙田満『人が集まる建築』二〇一六年、講談社

*6 アレン・オブ・ハートウッド卿夫人著、大村虔一・大村璋子訳『都市の遊び場』一九七三年、鹿島研究所出版会。大村虔一は一九三八年宮城県角田市生まれ、二〇一四年没。東京大学高山英華研究室で都市デザイン・地域計画を学ぶ。都市計画家、アーバンデザイナー、建築家、教育者。元東北大学教授、元宮城大学副学長。日本におけるプレイパークの生みの親。

*7 Xavier de la Salle, Vincent Romagny, Sreejata Roy et al. Edited by Gabriela Burkhalter, *The Playground Project*, JRP-Ringier, 2016

	学校	幼稚園	児童公園・遊び場・子どもの居場所
1872（明治5）年	学制発布		
1875（明治8）年		堺県（大阪）で子守学校設立	
1876（明治9）年		東京女子師範学校附属幼稚園開設	
1879（明治12）年	学制廃止、教育令公布		
1882（明治15）年		文部省示諭、簡易幼稚園を奨励	
1884（明治17）年		文部省通達、幼児の小学校入学を禁止	
1885（明治18）年			東京府公立小学校生徒体育奨励会
1886（明治19）年	小学校令公布		
1888（明治21）年			東京都市区改正設計公園大小49公園の計画
1889（明治22）年			坂本町公園（東京都中央区）初の近代的都市公園開設
1895（明治28）年	学校建築図説及設計大要（片廊下式、左側採光、4間×5間の原型）		
1899（明治32）年		幼稚園保育及設備規程（文部省令）	
1900（明治33）年	小学校令（屋外体操場設置の義務化）		
1903（明治36）年			第五回内国勧業博覧会 日本で初の公共図書館内の児童室開設（山口県山口市）
1907（明治40）年	小学校令改正（6年間の義務制）		

	学校	幼稚園	児童公園・遊び場・子どもの居場所
1909（明治42）年		内務省より全国の優良救済事業に奨励金下賜	
1911（明治44）年			初の児童公園となる御茶之水公園開設
1919（大正8）年	大阪市公立託児所開設		
1922（大正11）年			日比谷公園児童遊園に児童指導員の配置
1923（大正12）年			帝都復興計画実施、52小公園起工
1925（大正14）年			日本児童遊園協会設立
1926（大正15／昭和元）年		幼稚園令の公布、東京帝大セツルメント託児部開設	
1933（昭和8）年		児童虐待防止法公布	
1938（昭和13）年			厚生省設置
1940（昭和15）年			東京市公園課に公園児童掛設置
1941（昭和16）年	国民学校令公布		
1943（昭和18）年		東京市、戦時託児所使用条例	
1944（昭和19）年		国民学校初等児童の集団疎開	
1947（昭和22）年	教育基本法、学校教育法公布（6・3・3制新教育実施）	児童福祉法公布	
1948（昭和23）年		文部省「保育要領―幼児保育の手引き―」を発行	
1949（昭和24）年			日本で初の公立児童館開設（北海道札幌市）
1950（昭和25）年	RC造校舎標準設計（7×9m教室、片廊下型校舎）	厚生省「保育所運営要領」を発行	
1951（昭和26）年		児童憲章制定	児童厚生施設運営要領
1952（昭和27）年	公立学校整備の補助基準		
1956（昭和31）年			都市公園法公布

1957（昭和32）年			遊び場の研究会発足
1958（昭和33）年	義務教育諸学校施設費国庫負担法発布		警視庁による遊戯道路の設置
1962（昭和37）年	S造校舎の構造設計標準JIS		交通公園の設置及び運営について（建設省通達）
1963（昭和38）年		厚生省児童局『児童福祉白書』刊行 文部省「幼稚園教育振興7か年」計画策定	東京都初の学童保育所開設 児童館設置費国庫補助制度開始
1968（昭和43）年		厚生省、小規模保育所の設置認可を通達	
1971（昭和46）年	中教審「第3の教育改革構想」		
1974（昭和49）年		厚生省「障がい児保育事業要綱」通達	
1975（昭和50）年	文部省、学校開放を推進開始		冒険遊び場（東京都世田谷区）
1980（昭和55）年	学校用家具JIS改訂		
1983（昭和58）年	大規模改修費補助開始		東京ディズニーランド開園
1984（昭和59）年	公立小中学校、多目的スペース補助開始		
1985（昭和60）年	学校施設における木材使用の促進通知		国立総合児童センター「こどもの城」開設
1987（昭和62）年			児童福祉施設最低基準改正（厚生省）
1988（昭和63）年	生涯学習のための学校施設の活用について東京都発表		
1990（平成2）年	大規模改造費補助拡充（情報化教育他）	国際連合子どもの権利条約	
1994（平成6）年		エンゼルプラン策定（緊急保育対策5か年事業）	
1997（平成9）年	エコスクールパイロット・モデル事業開始		
1998（平成10）年	完全学校週5日制、総合的学習、授業時間弾力化	文部・厚生両省「幼稚園と保育所の施設の共用化等に関する指針について」共同通知	
2002（平成14）年			遊具の安全に関する規準案（日本公園施設業協会）

	学校	幼稚園	児童公園・遊び場・子どもの居場所
2003（平成15）年	地域に開かれた安全・安心な学校づくりガイドブック（文部科学省・警察庁・厚生労働省・国土交通省）		日本冒険遊び場づくり協会設立
2004（平成16）年		厚生労働省「子ども・子育て応援プラン」策定	
2006（平成18）年		通称：認定こども園法制定	
2012（平成24）年		子ども・子育て関連3法制定	
2014（平成26）年			放課後子ども総合プラン策定（厚生労働省と文部科学省）放課後児童クラブ及び子供教室の推進

の道」でつなげられている。様々な仕掛けによって身体感覚の不安定さ、危うさを体験することで、「死なないため」に人間に本来備わっている機能や柔軟な感覚、思考を再び目覚めさせ、さらに人と人の「つながり」を見つめ直すための装置である。［IY］

◆176-1資　写
楕円形のフィールド
1995（平成7）年

◆176-2資＊　写
陥入膜の径
1995（平成7）年

◆176-3資＊　写
運動路
1995（平成7）年

◆176-4資＊　写
極限で似るものの家
1995（平成7）年

◆176-5資＊　写
記念館内部
1997（平成9）年

177［p.192］

彫刻の森美術館「ネットの森」

設計：手塚貴晴＋手塚由比（手塚建築研究所）
ネット作品《おくりもの：未知のポケット2》制作：堀内紀子
協力：チャールズ・マッカーダム、インタープレイ・デザイン・アンド・マニュファクチュアリング
The Hakone Open-Air Museum
"Woods of Net"
Tezuka Takaharu & Tezuka Yui (Tezuka Architects), *Knitted Wonder Space 2* Horiuchi Toshiko, Support: Charles MacAdam / Interplay Design and Manufacturing
神奈川県足柄下郡箱根町
2009（平成21）／2017（平成29）年
手染ナイロン組紐・手鉤編
$1875.65\,m^2$／$528.5\,m^2$／$528.5\,m^2$
木造／1階

彫刻の森美術館の野外展示のなかで、子どもたちに人気を博している「ネットの森」。造形作家・堀内紀子（マッカーダム堀内紀子）と建築家・手塚貴晴＋手塚由比によるコラボレーションから生まれた。589本の集成材を一本一本積み重ねた木造ドームのかたちは、親指と人差し指を合わせたときにできる涙型から着想された。その中に、漁網に使うビニロン糸を丹念に手で編んだカラフルなネットを、いくつもつなぎ合わせた巨大なハンモックが組み込まれている。ネットは、造形作品であるとともに、子どもたちが中に入って遊ぶこともできる遊具でもある。遊びのなかで子どもたちが自然に、色彩や光の生み出す美しさ、造形の面白さを発見することを目的とした。体験に結びついたプレイスカルプチャー（遊べる彫刻）である。堀内紀子は沖縄海洋博記念公園ちびっことりでにおいて、設計者で教え子の高野文彰の依頼で参画して以来、ネットを用いた遊具を各地で実現している。［OR］

◆177-1資＊　写
《おくりもの：未知のポケット2》
2017（平成29）年
彫刻の森美術館（公益財団法人彫刻の森芸術文化財団）蔵
The Hakone Open-Air Museum (Chokoku-no-Mori Art Foundation)

◆177-2資　写
ネットの森外観
2017（平成29）年
彫刻の森美術館（公益財団法人彫刻の森芸術文化財団）蔵
The Hakone Open-Air Museum (Chokoku-no-Mori Art Foundation)

◆177-3資　写
《おくりもの：未知のポケット2》
2017（平成29）年
彫刻の森美術館（公益財団法人彫刻の森芸術文化財団）蔵
The Hakone Open-Air Museum (Chokoku-no-Mori Art Foundation)

◆177-4資　写
《おくりもの：未知のポケット2》
2017（平成29）年
彫刻の森美術館（公益財団法人彫刻の森芸術文化財団）蔵
The Hakone Open-Air Museum (Chokoku-no-Mori Art Foundation)

◆177-4資＊　映
映像 The "Woods of Net" Pavilion is returning 2017
2017（平成29）年
映像2分
制作：株式会社エムアンドビーデザイン
提供：彫刻の森美術館

178［p.196］

くるりの森

設計：谷尻誠＋吉田愛（SUPPOSE DESIGN OFFICE）
Forest Loops
Tanijiri Makoto + Yoshida Ai (SUPPOSE DESIGN OFFICE)
静岡県浜松市
2014（平成26）年
$17{,}291.35\,m^2$／$286.72\,m^2$（パイプ外寸法）／$249.59\,m^2$（延ネット面積）
鋼構造

施主である商業施設から大人も子どもも楽しめるランドスケープの制作を依頼されて、「森」をつくることを提案したことから本作は生まれた。森とはいっても自然木を植えたのではなく、単一断面、単一曲率の円弧状に曲げられたたくさんの鋼管を角度を変えてジョイントし、つないでいくことで作られた森である。そこに4層にわたってネットを張ることで子どもの遊び場となっているが、一方で腰をかければ家具になり、遠くから鑑賞するとアートになる。人の行為によって意味が多様化する建築であることを、設計者の谷尻誠は意図している。一見無意味なものにも輝くような価値を見出すことができた自身の子ども時代を振り返り、必ずしも用途が定まっていないような「建築」がひととの関わりのなかで生き生きとした機能を持ちうることを、谷尻誠はこの作品を通して示唆している。それは子どもたちに純粋な視野を持ち続けることの大切さを伝えている。［OR］

◆178-1資　写
全景
2014（平成26）年
撮影：矢野紀行

◆178-2資　写
遊具としてのくるりの森
2014（平成26）年
撮影：矢野紀行

◆178-3資＊　写
北より見る夕景、奥に既存の商業施設が見える
2014（平成26）年
撮影：矢野紀行

179［p.200］

ペタボー

発案：隈太一、製造：クラレファスニング
Petabo
Design: Kuma Taichi, Production: Kuraray Fastening Co., Ltd.
2017（平成29）年
面ファスナー
（p.200掲載写真：隈太一《増減する壁》）

来館者参加プレイコーナー「ペタボーの空」
2018（平成30）～2019（平成31）年
会場：パナソニック汐留ミュージアム、青森県立美術館
協力：ヌーブ、子ども建築塾（NPOこれからの建築を考える 伊東建築塾）

◆173-2資* 写
「みんなのまち」の模型をつくる
2017（平成29）年
写真提供：NPOこれからの建築を考える伊東建築塾

◆173-3資 写
プレゼンテーションの手法を学ぶ
2018（平成30）年
写真提供：NPOこれからの建築を考える伊東建築塾

◆173-4資 写
「みんなのまち」の模型をつなげ、先生から意見をもらう
2018（平成30）年
写真提供：NPOこれからの建築を考える伊東建築塾

◆173-5資* 写
窓模型を用いた実験
2013（平成25）年
写真提供：NPOこれからの建築を考える伊東建築塾

174［p.198］

とうきょうご近所みちあそびプロジェクト

一般社団法人TOKYO PLAY、NPO法人ふれあいの家—おばちゃんち
TOKYO PLAY, Playbourhood Street Tokyo Project
TOKYO PLAY, NPO “Auntie's House for a Better Community”
2010（平成22）年（TOKYO PLAY設立年）

「みちあそび」は地域の自治会、幼稚園・保育園・学校、父母会活動、まちづくり関係団体や商店街などと連携し、期間と場所を限定しつつ道路を子どもたちの遊び空間として開放しようという試みである。商店街のイベントや防災訓練といった機会に連動した実施を提案し、サポートしている。かつて子どもたちの遊びの場は、公園や施設の中といった管理された空間だけではなく、原っぱ、空き地、道路といった自由空間にも広がっていた。高度成長期以降の交通量の増加により遊び空間としての道の機能は失われたが、本来道は子ども大人を問わず、家と地続きの生活空間あるいは社交の場としての機能を持っていた。1960年代には子どもの路上での遊びによる交通事故の防止を目的として「遊戯道路」と呼ばれる規制道路の取り組みがあり、現在も800カ所以上に指定があり、その活性化も意図している。都市空間の新しい使い方を創出し、多世代交流、地域づくりの取り組みともなっている。［OR］

◆174-1資 写
ご近所みちあそび（品川区北品川旧東海道宿、2016年4月10日）
2016（平成28）年
写真提供：一般社団法人TOKYO PLAY

◆174-2資 写
ご近所みちあそび（三鷹市三鷹中央通りM-マルシェ、2017年5月28日）
2017（平成29）年
写真提供：一般社団法人TOKYO PLAY

◆174-3資* 写
ご近所みちあそび（世田谷区豪徳寺山下商店街、2017年11月3日）
2017（平成29）年
写真提供：一般社団法人TOKYO PLAY

◆174-4資* 立
みちあそびのアイデア、ビッグチョークチョーク
直径2×高10

175［p.199］

ただのあそび場ゴジョーメ

ハバタク／KUMIKI PROJECT
Tadanoasobiba Gojome
Habataku / KUMIKI PROJECT
秋田県南秋田郡五城目町
2017（平成29）年

五城目町で520年以上続く朝市の通りにオープンした無料の「遊び場」。他の地域と同様に、空洞化現象が起きている町の中心市街地の2階建ての空き店舗をリノベーションし、子供だけでなく幅広い年齢層の人々が集い、学び、遊べるスペースとして再生させたもの。企画と運営は創造性と多様性のある「学びの環境づくり」を実践してきたベンチャー企業「ハバタク」が手がけ、店舗の改修費をクラウドファウンディングで集めたことも話題となるなど、新たな地域活性化の手法としても広く注目を集めている。この「遊び場」には「ただの遊具」として、「ラーニングちゃぶ台」の他、登ったり滑ったり秘密の本を隠したりすることもできる「ナナメ上いく本棚」、落書きしたり釘が打てる「やりたい放題ウォール」、ボルダリングができる「あそび人以外登れない壁」、ひとりきりになれる個室「今日はひとりにさせてください」等が設けられている。ここは、誰もが「ただ」で遊びにくることができ、自由な発想で遊びに没頭できる「ただ」の場所として設定されており、この「大人も子供もあそび合い、学び合う。シェアし合う」場所は、そこから豊かな「遊び」と「学び」の可能性を引き出していこうとする試みなのである。人々の活動によって空間そのものが常に変化／進化していくという点にも「建築」としての新たな可能性が認められよう。［IY］

◆175-1資 写
1階 「あそび人以外登れない壁」と「やりたい放題ウォール」
2017（平成29）年
写真提供：ハバタク株式会社

◆175-2資* 写
「あそび人以外登れない壁」をよじ登って2階へ
2017（平成29）年
写真提供：ハバタク株式会社

◆175-3資* 写
2階 カラフルな「ラーニングちゃぶ台」
2017（平成29）年
写真提供：ハバタク株式会社

◆175-4資* 写
子どもたちの後ろにある「ナナメ上いく本棚」は、滑ったりして遊ぶことも
2017（平成29）年
写真提供：ハバタク株式会社

◆175-5資 写
秘密基地のようなスペース「今日は一人にさせてください」
2017（平成29）年
写真提供：ハバタク株式会社

176［p.191］

養老天命反転地

荒川修作＋マドリン・ギンズ
Site of Reversible Destiny-Yoro Park, Gifu Prefecture
Arakawa and Madeline Gins
岐阜県養老郡養老町
1995（平成7）年
1.81ha／ー／ー

岐阜県養老町の養老公園内に設けられた、アンバランスな身体的経験をとおして「人間が生きる」ことの本質を問いかける実験的アートパーク。オープンは1995（平成7）年で、アーティストである荒川修作とパートナーで詩人のマドリン・ギンズによる、死へ向かう人間の宿命、天から授かった命（「天命」）を覆そう（「反転」させよう）という思想を具現化した「作品」でもあり、広大な敷地内に9つのパビリオンと148の道、5つの日本列島が設けられた建築と公園が一体化した施設である。錯視的な構造を持ち来館者の平衡感覚をゆさぶるメインパビリオンの「極限で似るものの家」と、日本列島をモチーフとし、身体感覚を混乱させる起伏に富んだ不安定なすり鉢状のスペースに「極限で似るものの家」を分割したパビリオンを設置した「楕円形のフィールド」という大きく2つの要素で構成され、双方は溝状の「死なないため

2007（平成19）年
写真提供：ふじようちえん

◆170-5資　写
すべり台
2007（平成19）年
写真提供：ふじようちえん

◆170-6*　模
模型　1:100
Model
2007（平成19）年
木・スチレン・紙
18×93×80
模型制作：手塚建築研究所
Production: Tezuka Architects

171［p.186］

昭島すみれ幼稚園

設計：仙田満（環境デザイン研究所）
Akishima Sumire Kindergarten
Senda Mitsuru (Environment Design Institute)
東京都昭島市
2011（平成23）年
2,900 m^2／1,100 m^2／1,200 m^2
木造／2階／9室

分棟でそれぞれトップライトとロフトを持つ保育室が角度を変えて配置され、それを結ぶ路地空間の随所にたまりや遊びの場が生まれている。各棟をつなぐ屋外回廊の2階からは保育室の様子を覗き見ながら散歩や活動ができ、子どもを次の活動に誘う。設計者の仙田満は子供の遊び環境について研究、設計を重ね、子どもの遊び空間の構造の特徴を次の7つに整理している。①循環機能がある、②その循環（道）が安全で変化に富んでいる、③その中にシンボル性の高い空間、場がある、④その循環に“めまい”を体験できる部分がある、⑤近道（ショートカット）ができる、⑥循環に広場、小さな広場等がとりついている、⑦全体がポーラス空間で構成されている。この作品にもこれらの要素が発見できるだろう。［NS］

◆171-1資　写
集落のような分棟式園舎
2011（平成23）年
撮影：藤塚光政

◆171-2資　写
屋外回廊でつながれた園棟
2011（平成23）年
撮影：藤塚光政

◆171-3資*　写
木造架構のホール
2011（平成23）年
撮影：藤塚光政

◆171-4資　写
はとの庭
2011（平成23）年
撮影：藤塚光政

172［p.188］

阿久根めぐみこども園

設計：日比野設計＋幼児の城＋KIDS DESIGN LABO
Akune Megumi Kodomoen
Hibino Sekkei + Youji no Shiro + KIDS DESIGN LABO
鹿児島県阿久根市
2015（平成27）年
3200.59 m^2／887.59 m^2／941.80 m^2
S造／2階／5室

東シナ海に面する港町に所在する本園は海抜の低い敷地にあるため、災害時に備え1階はピロティにして、遊具のある屋外広場としている。1階と2階の中間層には、乳児保育室と子どもの遊び場所を設けており、それぞれレベルが異なる空間が、10本の階段、すべり台3本、上がり棒、ロープで互いにつながれている。その結果、子どもたちが楽しめる遊び場がたくさん園内に創り出され、生活のなかで自然に、運動能力や好奇心が育まれるように工夫されている。また園庭はあえて土の庭としており、子どもたちはダイナミックに遊ぶことができる。設計者は幼保施設の設計に特化して取り組んでおり、子どもの運動・食事・睡眠といった基本的な生活サイクルを重視し、それらを支える建築を実現している。そのため、オープンキッチンと接続した洗練された食事の空間や、明るく使いやすい衛生空間づくりに特徴が見られる。また竣工後も子どもたちの運動や食事の量の変化について調査を続け、設計活動に活かしている。［OR］

◆172-1資　写
遊具の配されたピロティ
2015（平成27）年
撮影：スタジオバウハウス、写真提供：日比野設計

◆172-2資　写
北から見た園舎外観
2015（平成27）年
撮影：スタジオバウハウス、写真提供：日比野設計

◆172-3資　写
園庭、キッチンと接続するダイニング
2015（平成27）年
撮影：スタジオバウハウス、写真提供：日比野設計

◆172-4資　写
子ども同士の創造的な遊びが生まれ
デン
2015（平成27）年
撮影：スタジオバウハウス、写真提供：
比野設計

◆172-5資*　写
遊びの要素を取り入れた階段
2015（平成27）年
撮影：スタジオバウハウス、写真提供：
比野設計

◆172-6資*　写
明るく心地よいトイレ
2015（平成27）年
撮影：スタジオバウハウス、写真提供：
比野設計

◆172-7資*　映
映像　阿久根めぐみ幼稚園
2015（平成27）年
映像3分41秒

173［p.194］

子ども建築塾

Architecture School for Children
NPO “Initiative for Tomorrow's Opportunities in Architecture” (ITO)
東京都渋谷区
2011（平成23）年～

世界的に高く評価されてきた建築家・伊東豊雄は、2011年の東日本大震災の復興事業「みんなの家」以来、建築と社会との関わりにさらに深い関心を寄せている。そして瀬戸内海の大三島の活性化に取り組んでいる伊東豊雄が、島と東京を結び、これからのまちや建築のあり方を考える場として2011年につくったのが伊東建築塾である。そのなかで「子ども建築塾」は小学校高学年の児童が、週に1回スタジオに集まり、一年を通して建築やまちや環境について考える講座となっている。ここではティーチング・アシスタントの力も借りながら、子どもたちが主体となって、一年をかけて建築・街を観察し、それぞれがイマジネーションをふくらませながら住みたい家や街のなかの建築を創造し、模型をつくり、提案している。これからの子どもたちの想像力と社会性を育みたいという、伊東豊雄の願いで推進されている独自の建築教育であり、建築家のかたちで実現するのではない新しい建築の可能性が示唆されている。［OR］

◆173-1資　写
建築家が設計した住宅の見学会
2013（平成25）年
写真提供：NPOこれからの建築を考える
伊東建築塾

造、一部S造、RC造／2階／8室

東日本大震災で甚大な津波被害を受け、山を削って高台に移転することになった地域の核として計画された統合小学校である。木造の学校図書館、ホール、体育館が地域のシンボルともなるよう、住宅地を受け止める場所に、緑を背景に置かれている。
子どもの育つ空間としてまず思い浮かぶのは自然、緑の環境だろう。学校復興のコンセプトは「森の学校」。各地で森の保全に取り組むC.W.ニコルが主宰するアファン財団の支援の下、2012年から「復興の森作りと森の学校プロジェクト」が推進された。多くの人々の協力の集大成として完成された学校では、目の前に広がる森をフィールドとして多彩な野外活動が行われている。家型の屋根を持つ木造の教室群は自然のなかに開放され、樹状の木格子を介して目に飛び込む外の緑や光が、内の子どもたちの活動と幾重にも重なり合い、流動的な学びの風景、遊びの光景を生み出している。[NS]

169-1資　写
中庭越しに見た校舎外観
2017（平成29）年
撮影：淺川敏

169-2資　写
教室
2017（平成29）年
撮影：淺川敏

169-3資*　写
年生総合授業、いかだづくり
2018（平成30）年
写真提供：東松島市立宮野森小学校

169-4資　写
音楽室
2017（平成29）年
撮影：淺川敏

169-5資*　写
体育館
2017（平成29）年
撮影：淺川敏

169-6資　写
図書室
2017（平成29）年
撮影：淺川敏

169-7資*　写
暖炉の周囲に集うC. W.ニコル氏と子どもたち
2017（平成29）年
写真提供：シーラカンスK&H

169-8資*　写
アートプロジェクト・パンフレット
2016（平成28）年
アートプロジェクト制作指導：東洋大学理工学部工藤研究室、宮城大学事業構想学群風見研究室、原游（画家）

同校の建設に際して、設計者である工藤和美が教鞭を執る東洋大学、宮城大学の風見研究室、画家の原游が協力し、同校の子どもたちに海と森をイメージした妖精を一つ一つ制作してもらい、その妖精を校内に点在させる「宮野森小学校アートプロジェクト」が行われた。自分の制作物が大きな校舎の一部になることで、新校舎に親しみを持ってもらうことが意図されている。結果、143名の子どもたちが木片を使って作った妖精が、学校の至るところに配置され、子どもたちを見守っている。[OR]

◆169-9資*　写
バームの部屋　子どもたちがつくった妖精が天上近くに見られる
2017（平成29）年
撮影：淺川敏

◆169-10資　写
手洗い場　子どもたちがつくった妖精が梁の上に見られる
2017（平成29）年
撮影：淺川敏

◆169-11*　立
アートプロジェクトのプロトタイプ
Prototype of Fairies Art Project for Higashi Matsushima City Miyanomori Elementary School
2016（平成28）年
木・グワッシュ
W14×D6×H17／W11×D7.5×H10／W21×D5×H12／W7×D7×H11.5
アートプロジェクト制作指導：東洋大学理工学部工藤研究室、宮城大学事業構想学群風見研究室、原游（画家）
Direction: Toyo University Faculty of Science and Engineering Kudo Laboratory, Miyagi University School of Project Design Kazami Laboratory, Hara Yu, Artist

◆169-12*　模
教室および多目的スペース内観模型
1:50
Introspective Model of Classrooms and Multipurpose Space
2016（平成28）年
ミクストメディア
H14.5×43×43
模型制作：シーラカンスK&H
Production: Coelacanth K&H Architects Inc.

170［p.183］

ふじようちえん

設計：手塚貴晴＋手塚由比（手塚建築研究所）
トータルプロデュース：佐藤可士和
Fuji Kindergarten
Tezuka Takaharu & Yui (Tezuka Architects), Total Produce: Sato Kashiwa (SAMURAI)
東京都立川市
2007（平成19）年
4,791.69 m^2／1,419.25 m^2／1,304.01 m^2
S造／1階／16室

園児数500人を想定してつくられた外周183メートルの楕円形の大規模幼稚園。構造壁はなくランダムに配した柱が屋根を支えている。屋根は園庭の延長となっており、設計者は初期の作品「屋根の家」（2001年）と同様、ここでも屋根の上で自然を感じながら過ごせる空間をつくっている。既存のケヤキの木3本が屋上デッキを貫いている。雑音をあえて子どもたちの集中力を育てるために取り入れるという教育方針のもと、内部は家具で緩やかに仕切られた一体の空間となっている。また建具は寒い季節以外は開放して外部と一体化して使うため、冷房は備えていない。
本園の方針はモンテッソーリ教育を基盤とした自由教育となっており、自らの気づきで自立を促す幼児教育を行っている。人間は適切な環境を用意することで、自ら育つことができるというモンテッソーリの考え方を手法として取り入れているため、例えば園庭の外水栓の下にはあえて水盤を設けないことで、使用後に蛇口を閉めることを覚えさせたりしている。園舎を子どもが育つための道具と捉え、デザインの力が保育に活かされている。[OR]

◆170-1資　写
遠景
2007（平成19）年
撮影：木田勝久

◆170-2資　写
園庭の延長となっている屋根
2007（平成19）年
撮影：木田勝久

◆170-3資　写
教室内観 庭に面した建具は全開放できる
2007（平成19）年
撮影：木田勝久

◆170-4資　写
軒先のガーゴイルと雨受け

◆**166-4資*　写**
廊下
2015（平成30）年
撮影：鈴木心
写真提供：青木淳建築計画事務所

◆**166-5資*　写**
ランチルーム
2015（平成31）年
撮影：鈴木心
写真提供：青木淳建築計画事務所

◆**166-6資　写**
放送室
2015（平成32）年
撮影：鈴木心
写真提供：青木淳建築計画事務所

◆**166-7資*　写**
廊下
2015（平成33）年
撮影：鈴木心
写真提供：青木淳建築計画事務所

◆**166-8　図**
御杖村立御杖小学校　ドローイング（再制作）
Mitsue Village Mitsue Elementary School Drawing (Replication)
2018（平成30）年
紙・ペン
29.7×42
青木淳
Drawn by Jun Aoki

167［p.178］

金山町立明安小学校

設計：小沢明建築研究室
計画指導：長澤悟
Kaneyama Town Meian Elementary School
Ozawa Atelier
山形県最上郡金山町
2002（平成14）年
20,612.83 m^2／3,263.47 m^2／3,820.20 m^2
RC造、木造／3階／7室

自然と調和した美しい街並みを100年かけてつくることを町の理念としている金山町は、歴史的な景観で知られる山形県北部の町である。本校は1学年20人で計画された小規模校であるが、そうした伝統ある町において21世紀にふさわしい小学校として計画された。教室棟は観察池に接続する中庭を囲む屋外の回廊、屋内のワークスペース（パサージュ）そして教室と、空間が空間をコの字型に囲んでいる。各教室は木造アーチの連続する広々としたワークスペースに沿って並んでいる。本校のシンボル空間でもあるワークスペースは通り空間であると同時に、学習成果物の展示場、グループ学習の拠点ともなり、加えて冬を室内で過ごすことの多い児童たちが自由な時間を過ごせる居場所ともなっている。ファサードは町の景観にふさわしいスケール感を備えており、その内側は天井高の高い歩廊となっている。藤江和子による金山杉を用いた造形的なベンチが子どもたちの遊具にもなっている。［OR］

◆**167-1資　写**
観察池越しに見た校舎
2002（平成14）年
撮影：篠沢裕

◆**167-2資*　写**
前面道路から見たエントランス・ギャラリー、体育館右手に見えるのは教室棟
2002（平成14）年
撮影：篠沢裕

◆**167-3資*　写**
エントランス・ギャラリー　手前に見えるのは藤江和子氏の造形《くじらシリーズNo.30 ドラゴン・アイ》
2002（平成14）年
撮影：篠沢裕

◆**167-4資*　写**
エントランス・ギャラリー　藤江和子の造形と子どもたち
2002（平成14）年
撮影：古舘克明
写真提供：藤江和子アトリエ

◆**167-5資　写**
パサージュ全景　ワークスペース
2002（平成14）年
撮影：篠沢裕

◆**167-6資*　写**
ワークスペース学習風景
2002（平成14）年
写真提供：小沢明建築研究室

◆**167-6資*　写**
ランチルームにおける全校生徒と先生の食事風景
2002（平成14）年
写真提供：小沢明建築研究室

168［p.179］

内田学園七沢希望の丘初等学校

設計：中村勉総合計画事務所
計画指導：長澤悟
Uchida Gakuen Nanasawa Kibounooka Elementary School
Ben Nakamura and Associates Inc.
神奈川県厚木市
2008（平成20）年
5,378.84 m^2／736.53 m^2／1,229 m^2
木造およびRC造／2階、地下1階／6室

子どもたちの深い学びのプロセスを大事に、40年間取り組んできた無学年体験型幼児教育を小学校にまで広げたいと設立された。協働性、連帯性を育む教育環境を目標とし、「みんなの大きな一つの家」をコンセプトに、西端から盛り上がる屋根が中央部の2階や東端の吹き抜け教室まで包み込む。全校120人の小規模小学校だが、地場産の丸太や製材を用いた木造架構が、一人の隅っこ、グループ活動の場となる袖壁で囲われたアルコーブ、全体の活動が展開できる中央の大空間と、活動単位に応じた子どもたちの場所を作っている。
里山の敷地全体を教育の場として捉え、既存の樹木をよけながら地形に沿わせて建物を配置し、平らなグラウンドの代わりに丘の斜面をそのまま「森のグラウンド」としている。［NS］

◆**168-1資*　写**
丘の上に建つ学校の周囲には畑が広がる
2009（平成21）年
写真提供：中村勉総合計画事務所

◆**168-2資　写**
グラウンドから見た南側外観
2009（平成21）年
撮影：堀内広治

◆**168-3資*　写**
南東側からの校舎外観。傾斜地に既存樹木を避けながら建つ
2013（平成25）年
撮影：堀内広治

◆**168-4資*　写**
広く使い勝手がよい軒下
2013（平成25）年
撮影：堀内広治

◆**168-5資　写**
異なる学年が一緒に学ぶ教室
2013（平成25）年
撮影：堀内広治

◆**168-6資*　写**
冬期空調システム概念図
2009（平成21）年
制作：中村勉総合計画事務所

169［p.180］

東松島市立宮野森小学校

設計：盛総合設計＋シーラカンスK&H
計画指導：長澤悟
Higashi Matsushima City Miyanomori Elementary School
Sakari Sogo Plan + Coelacanth K&H Architects Inc.
宮城県東松島市
2016（平成28）年
16250.28 m^2／3724.44 m^2／3999.07 m^2

イツ

◆164-2資* 写
南からの鳥瞰
1990年代後半
撮影：アーバンアーツ

◆164-3資 写
通り抜けの道「パス」
1990年代後半
写真提供：シーラカンスアンドアソシエイツ

◆164-4資 写
教室とワークスペース
1990年代後半
写真提供：シーラカンスアンドアソシエイツ

◆164-5資* 写
教室、天井は木造構造シェル
1990年代後半
写真提供：シーラカンスアンドアソシエイツ

◆164-6資 写
建築と一体に計画された学校家具の置かれたワークスペース
1990年代後半
写真提供：シーラカンスアンドアソシエイツ

◆164-7資* 写
中庭
1990年代後半
写真提供：シーラカンスアンドアソシエイツ

165［p.174］

日本女子大学附属豊明小学校

設計：内井昭蔵建築設計事務所
計画指導：長澤悟
Homei Elementary School Affiliated with Japan Women's University
Uchii Architects
東京都豊島区
1997（平成9）年
1851 m²／－／8947 m²
RC造／3階／18室

創立者成瀬仁蔵による「信念徹底」「自発創生」「共同奉仕」という学園の3綱領をもとに、明治39年の創設以来、子どもの独自性・自主性を尊重し、動植物や自然の事象を観察したり、自ら得た知識を歌・遊戯・絵等により自由に表現したりと、実物や体験を通した学びを教育の伝統としてきた。校舎建設においては、自然、実物、人との関わり合いを通してゆとりをもって考えることのできる学びの環境が追及された。
児童中心主義の時代に子どもの表現手段として生まれた小黒板、学級文庫、ロッカー等を大事にした「良い教室」、S字形の校舎棟に抱かれた図書館と多目的ホール、目白崖線の緑に面する理科室等、子どもの成長についての建学精神が時代や時間を超えて息づいている。［NS］

◆165-1資 写
北から見た校舎外観
1997（平成9）年
撮影：堀内広治

◆165-2資 写
図書館内中央らせん階段
1997（平成9）年
撮影：堀内広治

◆165-3資* 写
オープンタイプのロッカーが備えられた2年生教室内観
1997（平成9）年
撮影：堀内広治

◆165-4資 写
ワークスペース
1997（平成9）年
撮影：堀内広治

◆165-5資* 写
赤階段室内観
1997（平成9）年
撮影：堀内広治

◆165-6* 図
北棟3階平面詳細図　1:100
Floor Plan Detail of 3rd Floor in North Wing 1:100
1997（平成9）年
トレーシングペーパー・鉛筆
59.4 × 84
内井乃生蔵
Uchii Nobu

◆165-7* 図
構想スケッチ
Sketch
1992（平成4）～1995（平成7）年
紙・インク
18.2 × 12.8
制作：内井昭蔵
Drawn by Shozo Uchii
内井乃生蔵
Uchii Nobu

初期の構想スケッチ。校庭を囲む教室棟はすでに緩やかにS字形の曲線を描いているようである。また学校のシンボルとなる卵形をした図書館も左手に現れている。内井昭蔵は場所を選ばずスケッチすることを好み、本作も愛用の太めのモンブランで描かれている。手描きの設計原図には、図書館中心の吹き抜けに配された螺旋階段を見ることができる。［OR］

166［p.176］

御杖村立御杖小学校

設計：青木淳建築計画事務所
基本構想：長澤悟＋教育環境研究所
Mitsue Village Mitsue Elementary School
Jun Aoki & Associates
奈良県宇陀郡御杖村
1998（平成10）年
43,558 m²／－／4,511 m²
RC造、S造／2階／6室

1998（平成10）年に開校した奈良県宇陀郡御杖村立の唯一の小学校。のどかな山村に着陸した「宇宙船」と形容されることも多いこの近未来的な小学校の設計は青木淳によるもの。盆地状敷地を活用した、内直径36 m、外直径が最大で57 mとなる末広がりの螺旋状骨格を持つ建築で、周囲の環境と密接な結びつきが積極的に配慮されている。外観でひときわ目をひく白いドームにはテフロン加工テント膜が用いられており、その半径24 mの円形ドームの下は体育館、講堂として活用される広場的空間となっている。その周囲の螺旋スロープに沿って教室が配置されているが、その理由について青木は「閉鎖的な庭を必要とする低学年教室では、螺旋スラブが盆地の窪みに接し、長時間室内で学習する高学年教室は螺旋スラブの空高い終点部として、豊かな採光が与えられている。」と記している。また、図書室は本体に隣接する小型螺旋構造物のスロープ内に独立して設けられているため、独立した空間＝公共性が強く意識させられる。この小学校は、もともと御杖村の3つの集落にそれぞれ存在した学校を廃校にし、一か所に統合・設立されたものであるがゆえ、学校本来の役割を越え、地域に開かれた「公共空間」であることをコンセプトに据えた建築なのである。［IY］

◆166-1資 写
全景
2015（平成27）年
撮影：鈴木心
写真提供：青木淳建築計画事務所

◆166-2資* 写
屋内広場
2015（平成28）年
撮影：鈴木心
写真提供：青木淳建築計画事務所

◆166-3資 写
図書館
2015（平成29）年
撮影：鈴木心
写真提供：青木淳建築計画事務所

制作：いるか設計集団
Production: Team Zoo Atelier Iruka

◆162-8資* 図
南北軸立断面図
North-South Axis Sectional
Elevation View
1991（平成3）年頃
第二原図
60×84
制作：いるか設計集団
Production: Team Zoo Atelier Iruka

歴史的な城下町で多くの寺院が立地する山麓の一角に、校舎は計画された。南北軸立断面図からは、小山を削って沢を埋めた平地が運動場となっていることが見てとれるが、建物は小斜面にはめこまれていることがわかる。山と自然に建築が溶け込むように配置されている。［OR］

◆162-9資* 図
東西軸立断面図
West-East Axis Elevation View
1991（平成3）年頃
第二原図
60×84
制作：いるか設計集団
Production: Team Zoo Atelier Iruka

◆162-10* 模
模型　1：100
Model
1991（平成3）年
紙・スチレン
49.4×85.3×158.4
模型制作：いるか設計集団
Production: Team Zoo Atelier Iruka

163［p.170］

サレジオ小学校

設計：藤木隆男建築研究所
Salesians of Don Bosco Salesian
Primary School
Fujiki Takao Atelier
東京都小平市
1993（平成5）年
8136 m^2／2,764.27 m^2／3,125.24 m^2
RC造（一部S造およびW造）／2階／6室

カトリック司祭ドン・ボスコの教育理念に基づく学びの場を豊かな自然環境のなかに実現した学校である。子どもに寄り添い導くという「アシステンツァ」の思想を具現化するため、各学年1教室20人の少人数制をとっている。各教室は正方形の平面に半円形のワークスペースを組み合わせ、三角屋根をのせている。建築は人間形成の場にふさわしい特別教室のあり方が目指され、各インテリアについても趣向がこらされている。心地よい図書コーナー、演劇や音楽といった芸術活動のために用意された本格的な講堂に、本校の情操教育への力の入れ方がうかがえる。本校は終戦直後の1949年、戦災孤児の救済のためにつくられた養護施設、東京サレジオ学園を前身としている。設計者の藤木隆男は、坂倉建築研究所に所属していた時期に、東京サレジオ学園の園舎建築を担当したことをきっかけに、サレジオ小中学校の設計を依頼された。設計にあたっては教職員から2年あまりの聞き取り調査を重ね、教育の現場を反映した環境を実現した。［OR］

◆163-1資* 写
東京サレジオ学園を運動場越しに見る
1996（平成8）年
撮影：北田英治

◆163-2資 写
小学校全景
1996（平成8）年
撮影：北田英治

◆163-3資 写
中庭越しに見た小学校教室
1996（平成8）年
撮影：北田英治

◆163-4資* 写
1年生教室外観。サレジオ型小学教室の原型。三角屋根の教室と半円形のワークスペースを組み合わせた1軒の家
2018（平成30）年
撮影：北田英治

◆163-5資* 写
5年生小学教室。サレジオ型小学教室（内観）。三方木製サッシの大開口。扇垂木方形化粧小屋組みの下のレクチャースペースと奥のワークスペース
2018（平成30）年
撮影：北田英治

◆163-6資 写
ワークスペース
2018（平成30）年
撮影：北田英治

◆163-7資* 写
冬の校庭
1996（平成8）年撮影
撮影：北田英治

◆163-8*
図書室・児童会室椅子
椅子のデザイン：坂本和正（方圓館）
Chairs in Library & Children's Room
Chair Design: Sakamoto Kazumasa
(Hoenkan)
1993（平成5）年
木（ブナ）
H 50（SH36）×D43.9×W46.5
サレジオ小学校蔵
The Salesians of Don Bosco Salesian
Primary School

◆163-9
木製三角椅子
椅子のデザイン：坂本和正（方圓館）
（p.170掲載写真は食堂コンクリート打放し壁面沿いに並べられた椅子、撮影：北田英治）
Wooden Triangle Chairs (Photo:
Chairs in Line Along the Concrete
Wall of Cafeteria)
Chair Design: Sakamoto Kazumasa
(Hoenkan)
1993（平成5）年
木（ブナ）
H74.5(SH42)×D48.8×W52
サレジオ小学校蔵
The Salesians of Don Bosco Salesian
Primary School

164［p.172］

千葉市立打瀬小学校

設計：シーラカンス
計画指導：上野淳
Chiba City Utase Elementary School
Coelacanth Architects Inc.
千葉県千葉市
1995（平成7）年
16,500 m^2／5,010.65 m^2／7,584.86 m^2
RC造、一部鉄骨RC造／2階、一部3階／20最大24室

多様な教育方法への対応を目的として、クラスルームに多目的スペースを組み合わせる計画が始まって20年程経過し、定着してきた時期に計画された。ただ間仕切りをなくし広いスペースを設けるのではなく、多様な活動を生み出す空間構成、場の用意の仕方が見られる。教室にワークスペース・アルコーブを学年ごとに異なる形で配置し、階段スペース、図書コーナー、小室等を組み合わせ、多様な種類や形状の家具が建築と一体に計画されており、子どもたちが場を発見し、行動を生み出せる環境空間となっている。建物間にパス（通り抜けの小径）や性格の異なる庭を挟み込み、回遊動線により全校が結ばれ、一人、グループ、皆でと、屋内外を問わず自由に場所を選びながら子どもたちは遊び、学校生活を送っている。［NS］

◆164-1資* 写
校舎外観
1990年代後半
写真提供：シーラカンスアンドアソシエ

庭に連続した半屋外廊下で互いにつながれている。室内にはトップライトの光が差し込み、天井の様相が刻々と変化する。ここには子どもたちが地域の歴史と自然を体感しながら育つ場が生まれている。[NS]

◆160-1資　写
東からの俯瞰
1987(昭和62)年頃
撮影：福村俊治

◆160-2資*　写
教室、学年ごとにデザインが異なる
1987(昭和62)年頃
撮影：福村俊治

◆160-3資*　写
教室、学年ごとにデザインが異なる
1987(昭和62)年頃
撮影：福村俊治

◆160-4資　写
中庭
1987(昭和62)年頃
撮影：福村俊治

◆160-5資　写
図書室
1987(昭和62)年頃
撮影：福村俊治

◆160-6資*　写
屋根の上には沖縄伝統のシーサ
1987(昭和62)年頃
撮影：福村俊治

◆160-7資　写
自然をモチーフとした様々なパターンの装飾
1987(昭和62)年頃
撮影：福村俊治

161[p.166]

浪合村立浪合小学校（現・阿智村立浪合小学校）

設計：湯澤正信建築設計研究所
計画指導：長澤悟
Former Namiai Town Namiai Elementary School (Achi Town Namiai Elementary School)
Yuzawa Architect & Associates
長野県下伊那郡阿智村
1988(昭和63)年
14695 m^2／−／4896 m^2
RC造、S造／2階／6室

隣接する保育所と合わせ、小さな村の教育・文化活動の中心施設、「村民全ての浪合学校」として計画された小規模な小中併設校。校地内に村民の利用施設が面する「村の通り」を作り、温室、パーゴラ、池、滝、橋、円形劇場等が特色あるデザインで散りばめられている。

9年という長い時間を過ごす場となるため、小学校1～4年、5･6年、中学校に分け、それぞれの空間や運営方式に特色を持たせ、同時に一体感のある配置としている。天井の低い落ち着いた教室、広がりのある学習活動の場となる高い天井のオープンスペース、傾斜屋根を生かしたロフト、掘炬燵のある図書館、音楽室が舞台となるランチルーム、体育館と結ぶ透明チューブの「走廊下」など、学校生活を記憶に刻み付ける計画とデザインが見られる。[NS]

◆161-1資*　写
南側からの校舎外観
1988年頃
撮影：長澤悟

◆161-2資　写
本館(左)と修学館を結ぶハシロウカ
1988(昭和63)年頃
撮影：長澤悟

◆161-3資*　写
ハシロウカ
1990(平成2)年頃
撮影：長澤悟

◆161-4資*　写
オープンスペース学習風景
1988(昭和63)年頃
撮影：長澤悟

◆161-5資　写
教室内の中2階
1989(昭和64／平成元)年頃
撮影：長澤悟

◆161-6資　写
ラウンジにあるギザギザベンチ
1988(昭和63)年頃
撮影：長澤悟

◆161-7資　写
段差のあるランチルーム
1988(昭和63)年頃
撮影：長澤悟

◆161-7*　模
模型
1988(昭和63)年
ミクストメディア
60×90×35
浪合小学校蔵
Namiai Elementary School

162[p.168]

出石町立弘道小学校（現・豊岡市立弘道小学校）

設計：Team Zooいるか設計集団、神戸大学重村研究室
計画指導：長澤悟
Former Izushi Town Koudou Elementary School (Toyooka City Koudou Elementary School)
Team Zoo Atelier Iruka and Shigemura Laboratory, Kobe University
兵庫県豊岡市
1991(平成3)年
37690 m^2／4070.92 m^2／4846.02 m^2
木造、一部RC造、S造／2階／12室

1960年代から姿を消していった木造の校舎建設は80年代中頃から復活を始める。
城下町の歴史ある市街を一望する山裾を切り拓いた地に移転改築するにあたり、建物を木造の分棟として自然の地形を生かして接地性を高めている。各棟は赤瓦の重なり合う屋根を持ち、図書・管理・体育棟と変化のある中庭を挟んで配置され回廊で結ばれている。
藩校以来の「自得」という自発自主の精神を受け継ぐべく、個人の尊重と集団の協同を目指す教育を目標とし、オープン･クラスターと呼ぶ学年教室棟に木造ならではの特色ある大小の場が用意されている。町のシンボルの辰鼓櫓と呼応するようにコウノトリの風見を持つ時計塔が中庭中央に置かれ、子どもたちが歴史を認識し、記憶となるようにしている。[NS]

◆162-1資　写
出石町中心から見た遠景
撮影：中川敦玲
写真提供：彰国社

◆162-2資　写
グラウンド越しに見た中高年教室棟
1991(平成3)年頃
撮影：重村力

◆162-3資*　写
体育館屋上から西をのぞむ
1991(平成3)年頃
撮影：重村力

◆162-4資*　写
低学年サブグラウンド
1991(平成3)年頃
撮影：重村力

◆162-5資　写
ランチルーム屋上のあずまや
1991(平成3)年頃
撮影：重村力

◆162-6資*　写
低学年教室学習風景
1991(平成3)年頃
撮影：重村力

◆162-7*　図
アクソメ図
Axonometric Drawing
1991(平成3)年頃
紙・ペン
53×50

1988年11月16日以降
ミクストメディア
13×73×103
模型制作：イサム・ノグチ、アーキテクトファイブ
Product on: Isamu Noguchi, Architect 5 Partnership
アーキテクトファイブ蔵
Architect 5 Partnership

151［p.160］

タンクボール
成田亨
Tank Ba'l
Narita Toru
1970年代
FRP
直径：120
青森県立美術館蔵
Aomori Museum of Art

本来は伊勢丹百貨店のウインドウディスプレイ用として計5つが制作されたオブジェであり、当初は子どもが中に入りゴロゴロと転がって遊ぶ「遊具」としての可能性も検討されていた。危険性の問題から遊具としての使用は見送られたが、ウインドウディスプレイに用いられた後、3つが成田亨本人の手によって破棄され、残り2つは自身の個展会場に、ある時は作品として、またある時は表面に地図を貼り付けて地球儀的なオブジェとして展示されている。そのSF的な形状はウルトラシリーズの世界観とも通じる要素を持っている。[IY]

152［p.159］

ウルトラ怪獣原画
成田亨
Original Painting of Ultramonsters
Narita Toru
1960年代

現在まで続くウルトラシリーズの基礎となる「ウルトラQ」、「ウルトラマン」、「ウルトラセブン」のヒーロー、怪獣、宇宙人をデザインし、その世界観のベースを構築した成田亨。成田は子供向け番組だからといって安易に考えず、そこに芸術家としての持てる力、すなわち成田が同時代の美術や西洋モダンアートから吸収した造形センスを惜しみなく怪獣デザインに反映させ、誰も目にしたことのない「形」を次々に生み出していった。成田の彫刻家としての高い資質がこれらデザイン原画からは読み取れよう。[IY]

ウルトラマンイラスト
成田亨
Illustration of Ultraman
Narita Toru
1983（昭和58）年
紙・ペン、水彩
36.5×25.7
青森県立美術館蔵
Aomori Museum of Art

153*

ビートル2号試作
成田亨
Prototype of Beetle 2
Narita Toru
1966（昭和41）年
紙・水彩、ペン、鉛筆
25.1×33.6
青森県立美術館蔵
Aomori Museum of Art

154*

ギャンゴ
成田亨
Gango
Narita Toru
1966（昭和41）年
紙・ペン、水彩
39.4×25.8
青森県立美術館蔵
Aomori Museum of Art

155［p.159］

ゴモラ決定稿
成田亨
Final Draft of Gomora
Narita Toru
1966（昭和41）年
紙・ペン、水彩
36.7×34.8
青森県立美術館蔵

156*

ゼットンイラスト
成田亨
Illustration of Zetton
Narita Toru
1966（昭和41）年
紙・ペン、水彩
36.6×25.4
青森県立美術館蔵
Aomori Museum of Art

157*

ゾフィーイラスト
成田亨
Illustration of Zoffy
Narita Toru
1983（昭和58）年
紙・ペン、水彩
36.5×25.5
青森県立美術館蔵
Aomori Museum of Art

158*

ウルトラセブン決定稿B案
成田亨
Final Draft B of Ultra Seven
Narita Toru
1967（昭和42）年
紙・ペン、水彩
39.4×35.0
青森県立美術館蔵
Aomori Museum of Art

159*

メトロン星人
成田亨
Alien Metron
Narita Toru
1967（昭和42）年
紙・ペン、水彩
39.6×36.5
青森県立美術館蔵
Aomori Museum of Art

第5章 今、そして これからの子どもたちへ 1987-

160［p.164］

那覇市立城西小学校
設計：原広司＋アトリエ・ファイ建築研究所
Naha City Josei Elementary School
Hara Hiroshi & Atelier Φ
沖縄県那覇市
1987（昭和62）年
17,366 m^2 ／5,257 m^2 ／5,991 m^2
RC造／2階、塔屋3階／30室

画一化した学校建築から脱却する動きは、量的整備が一段落見せた1980年代から始まった。特に1982年に文部省（当時）は「学校施設の文化的環境づくり」について有識者会議の報告をまとめ、以後、レリーフなどアート作品を取り入れたり、地域性を生かし、校舎に屋根を設けたり、特色ある学校づくりが実現されるようになった。
城西小学校は、歴史風致地区の一角、守礼の門から見下ろされる位置にある。沖縄の集落を模し、各教室が白漆喰で固められた赤瓦の屋根を持ち、樹木の繁る中

い遊園地のあり方と異なる、自分自身で遊び方を自由に発想し、体を動かして思いきり遊べるプレイグラウンドが目指された。設計にあたっては、中谷芙二子（霧の森）、高橋士郎（雲の海）、マッカーダム堀内紀子（虹のハンモック）、藤田昭子（ドラゴンの砂山）といったアーティストたちが計画当初から参画した。また窪地、森、谷といった豊かな自然に恵まれた多様な表情を持つ遊び場となっている。高野文彰は世田谷区冒険あそび場に立ち上げ時から関わっており、その経験を活かして造形的な遊びに取り組むことのできるプレイパークも設置した。［OR］

149-1資*　図
着彩透視図
1986年頃
ペン・水彩・紙（複製）
42 × 59.4
制作：高野ランドスケーププランニング

149-2資　写
《霧の森》
1992年撮影
計画：高野ランドスケーププランニング
デザイン・制作：中谷芙二子
撮影：小川重雄
写真提供：プロセスアート

人工的に発生させた大量の霧が空間を一変させ、その日の気象条件と呼応して様々な情景を浮かび上がらせる。板チョコレートのような形状の芝生の回廊を、霧と子どもたちが巡る。発生装置は農業の灌漑用ノズル700個を用いた。「霧の彫刻」を1970年から発表している中谷芙二子は、雪氷研究で知られる父・宇吉郎と同様、自然と人との関わりを見つめている。［OR］

149-3資*　映
《霧の森》
Foggy Forest, Fog Environment #47660, Children's Forest, Showa Kinen Park, Tachikawa, Tokyo, 1992
2013（平成25）年
映像9分54秒
中谷芙二子
制作：Anarchive/Processart Inc.

◆149-4資*　写
《霧の森》
写真提供：高野ランドスケーププランニング

◆149-5資　写
ふわふわドーム（雲の海）
計画：高野ランドスケーププランニング
デザイン：高橋士郎
写真提供：高野ランドスケーププランニング

◆149-6資　写
虹のハンモック
計画：高野ランドスケーププランニング
デザイン・制作：マッカーダム堀内紀子
写真提供：高野ランドスケーププランニング

150［p.156］

モエレ沼公園

マスタープラン：イサム・ノグチ、監修：イサム・ノグチ財団、ショージ・サダオ、設計統括：アーキテクトファイブ
Moerenuma Park
Master Plan: Isamu Noguchi, Supervision: Shoji Sadao, Isamu Noguchi Foundation, Inc., General design management: Architect 5 Partnership
北海道札幌市
1982（昭和57）〜2005（平成17）年
189ha／ー／ー

「モエレ」とはアイヌ語で静かな水面・ゆったりと流れるという意味を持つ言葉に由来する。その名のとおり、本作は札幌市中心部から北東8キロに位置し、市内を流れる豊平川の蛇行によって生じた三日月湖として残された沼地に囲まれた広大な公園である。70年代、札幌市は増え続ける不燃ごみの埋立地を必要としており、その対策として同地が選ばれた。と同時に、緑地化のための「環状グリーンベルト構想」の拠点公園として計画され1982年より着工した。1988年に、彫刻家のイサム・ノグチが参画し、公園全体が「大地の彫刻」と形容するにふさわしいダイナミックな構想を与えられた。遊び山《プレイマウンテン》の他、標高62メートルの《モエレ山》、《モエレビーチ》、《ガラスのピラミッド》などを含むマスタープランを作成して、ノグチは同年逝去した。その遺志は長く親交を持っていた建築家の川村純一（アーキテクトファイブ）やイサム・ノグチ財団に引き継がれた。イサム・ノグチは1960年代前半にも建築家のルイス・カーンとニューヨークに子どもの遊び場を提案するが計画に終わり、世界的に見てもこの規模で実現した類例はなく、自然とひととの関係を見つめてきたイサム・ノグチの集大成の一つといえよう。［OR］

◆150-1資　写
プレイマウンテン
1990（平成2）〜1996（平成8）年
撮影：並木博夫
写真提供：モエレ沼公園

◆150-2資　写
モエレビーチ
1994（平成6）〜1998（平成10）年
撮影：並木博夫
写真提供：モエレ沼公園

◆150-3資　写
空撮
1982（昭和57）〜2005（平成17）年
写真提供：モエレ沼公園

◆150-4資　写
遊具広場（オクテトラ）
1982（昭和57）〜1995（平成7）年
撮影：並木博夫
写真提供：モエレ沼公園

◆150-5資　写
遊具広場（プレイスカルプチャー）
1982（昭和57）〜1995（平成7）年
撮影：並木博夫
写真提供：モエレ沼公園

◆150-6資*　写
遊具広場（ジャングルジム）
1982（昭和57）〜1995（平成7）年
撮影：並木博夫
写真提供：モエレ沼公園

◆150-7*　図
イサム・ノグチによる配置スタディ　1:3000
Site plan 1:3000
Isamu Noguchi
1988年5月1日以降
青焼図・鉛筆
59 × 77.3
アーキテクトファイブ蔵
Architect 5 Partnership

イサム・ノグチが1988年5月1日に高松のアトリエで描いた最初のマスタープランの青焼図の上に、鉛筆で描き重ねた配置図。画面上方にピラミッドのような形状の「プレイマウンテン」が現れた。左手には「野外劇場」、右下には「子どもたちが両親と共に訪れる遊び場。食堂、地下駐車場、管理棟」とノグチ自身の筆跡で記されている。［OR］

◆150-8　図
イサム・ノグチによる配置スタディ　1:2000
Site plan 1:2000
Isamu Noguchi
1988年9月18日
トレーシングペーパー・鉛筆
57 × 84
アーキテクトファイブ蔵
Architect 5 Partnership

◆150-9*　模
スタディ模型　1:2000
Model

147［p.152］

千歳船橋冒険遊び場「こども天国」（世田谷区）

運営：遊ぼう会、発起人：大村虔一・璋子
Adventure Playground: Kodomo Tengoku (Chitose-Funabashi, Setagaya) founded by Omura Kenichi & Shoko, managed by Asoboukai
東京都世田谷区桜丘5丁目
1977（昭和52）～1978（昭和53）年／現存せず
1,100m^2／－／－

1975年に東京都世田谷区で都市計画家の大村虔一が中心となり、区、地域住民、ボランティア、有志の学生等の協力で始められた、子どものための自由な手づくりの遊び場である。1977年から18ヶ月の期間限定で世田谷区千歳船橋の公共施設の建設予定地を利用して活動したことが、今も全国で展開される出発点となった。この遊び場ではプレイリーダーと呼ばれる大人の協力のもと子どもたちは自己責任で自由に遊ぶことができる。工具を使った小屋づくりや、火を使った野外調理といった遊びが子どもたち自身の手によってつくり出された。武蔵野美術大学の教員及部克人が学生の教育活動の一環として位置づけて協力したため、彼らによって様々な記録制作物が残されている。
冒険遊び場の活動はデンマークで始まり、ヨーロッパ各地に広まっていた新しい遊び場のあり方だった。英国のハートウッド卿夫人がその内容をまとめた著書に啓発された大村虔一・璋子夫妻が『都市の遊び場』として邦訳し、日本における実践の指針となった。市民参加型まちづくりの嚆矢となり、2003年からは日本冒険遊び場づくり協会に発展して全国に広まっている。［OR］

◆147-1資　写
小屋づくり
1978（昭和53）年
写真提供：武蔵野美術大学視覚伝達デザイン学科齋藤研究室

◆147-2資*　写
屋根遊び
1978（昭和53）年
写真提供：武蔵野美術大学視覚伝達デザイン学科齋藤研究室

◆147-3資*　写
焚き火
1978（昭和53）年
写真提供：武蔵野美術大学視覚伝達デザイン学科齋藤研究室

◆147-4資　写
モンキーブリッジ
1978（昭和53）年
写真提供：武蔵野美術大学視覚伝達デザイン学科齋藤研究室

◆147-5*
千歳船橋冒険遊び場レポート10枚組パネル
Adventure Playground Report in Chitose-Funabashi
A Series of 10 Panels
1978（昭和53）年
写真・印刷・紙・スチレン
73×51
制作："遊べ！子どもたち"編集委員会（木村文、齋藤啓子、斉藤陽一、納富進、本田和男、村上なつ代、児島京子）
武蔵野美術大学視覚伝達デザイン学科齋藤研究室蔵
Saito Laboratory, Department of Visual Communication Design, Musashino Art University

◆147-6*
千歳船橋冒険遊び場レポート10枚組パネル
Adventure Playground Report in Chitose-Funabashi
A Series of 10 Panels
1978（昭和53）年
印刷・紙・スチレン
73×51
制作："遊べ！子どもたち"編集委員会（木村文、齋藤啓子、斉藤陽一、納富進、本田和男、村上なつ代、児島京子）
武蔵野美術大学視覚伝達デザイン学科齋藤研究室蔵
Saito Laboratory, Department of Visual Communication Design, Musashino Art University

148［p.153］

宮城県中央児童館遊具施設サーキット遊具

設計：仙田満（環境デザイン研究所）
Giant Path Play Structure at Miyagi Prefectural Children's Center
Senda Mitsuru (Environment Design Institute)
宮城県仙台市
1980（昭和55）年／現存せず
2,500m^2／－／－

宮城県内の児童の遊びを中心としたレクリエーション施設として子どもたちに親しまれた児童館屋外に設置されていた遊具である。幅2メートル、高さ45センチから最大3.5メートルまで緩やかなカーブに沿って設置された、木の床板張りの走路となっている。延長436メートルの走路は途切れることなく続いているため、限られた敷地のなかで思いきり走ることができる。またサブルートとして途中にネット、はしご、ブリッジ、ジャンプ台が設けられ遊びに変化がつけられている。本作は子どもの遊び環境のデザインに長年取り組んでいる建築家・仙田満が手がけた。仙田満は子どもを集め、楽しませ、育てる空間として「遊環構造」を提唱してきた。具体的には、回遊性、安全で変化に富んだ循環、シンボル性といったことを挙げており、この遊具はそうした特徴を体現している。なお同児童館にはもう一点、仙田満の最初期の巨大遊具である「道の巨大遊具」（1969年）も設置されていた。［OR］

◆148-1資　写
全景
1980年代
撮影：藤塚光政

◆148-2資*　写
南東側スロープ
1981年代
撮影：藤塚光政

◆148-3資　写
北東側バンクとラダー
1982年代
撮影：藤塚光政

◆148-4資*　写
南西側ステージ
1983年代
撮影：藤塚光政

◆148-5資*　図
アクソメ図
1980年頃
画像提供：環境デザイン研究所

149［p.154］

国営昭和記念公園こどもの森

設計：高野ランドスケーププランニング
Showa Memorial Park Children's Forest
Takano Landscape Planning Co., Ltd.
東京都立川市
1984（昭和59）～1987（昭和62）年
9ha（こどもの森のみ）／－／－

昭和天皇在位50年記念事業の一つとして、立川基地跡地のうち180ヘクタールが国営昭和記念公園として再生した。「こどもの森」はその中の北西部、森のゾーンに位置している。70年代より参加型のランドスケーププランニングを手がけてきた高野文彰（高野ランドスケーププランニング）が基本計画から手がけた。華やかな反面受動的な遊び方になりやす

◆144-3資* 写
外観全景
2009（平成21）年
写真提供：東京子ども図書館

◆144-4資* 写
児童室
2017（平成29）年
撮影：池田マサカズ
写真提供：東京子ども図書館

◆144-5* 立
低学年用椅子（旧・まつの実文庫椅子）
設計:長谷川紘 都市・建築研究室
Chair for Early Elementary Grades at Tokyo Children's Library
Hiroshi Hasegawa architect
1978（昭和53）年
ナラ材
H54.5 × W32.4 × D34.0
東京子ども図書館蔵
Tokyo Children's Library

145［p.146］

かつら文庫

Katsura Library
東京都杉並区
1958（昭和33）年

東京子ども図書館の母体となった家庭文庫の一つであるかつら文庫は、1958（昭和33）年、児童文学者の石井桃子が自宅の一隅に開いた子どものための図書室である。石井は自らがこの文庫を開いた理由について「（前略）直接、それを読むじっさいの子どもとの交渉が少なかったため、仕事に支障をきたすことが多かったのです。これは具体的にいえば、子どもがどんな本をじっさいに喜ぶか、どんなことが、どんなふうに書いてあれば、子どもにおもしろいかということがわかっていないため、いい本がつくれないということです」と記している。実際、石井は文庫での活動を通して、子どもと本との関わりについて考察した著書『こどもの図書館』を出版。また、『100まんびきのねこ』、『シナの五にんきょうだい』など、文庫を訪れた子どもたちに読み聞かせて好評を得た後、翻訳出版された絵本もあった。かつら文庫の活動は、石井の著述を通して広く知れ渡るところとなり、子どもと本の関わりに関心を寄せる人を増やし、各地域の図書館における子どもへの取り組みに大きな影響を与えたのである。［IY］

◆145-1資* 写
文庫びらきを知らせる手製の立て札
1958（昭和33）年
写真提供：東京子ども図書館

◆145-2資* 写
絵本『シナの五にんきょうだい』の読み聞かせ
1958（昭和33）年～1964（昭和39）年
写真提供：東京子ども図書館

◆145-3資 写
一人、本の世界へ
1958（昭和33）～1964（昭和39）年頃
写真提供：東京子ども図書館

◆145-4資 写
子どもたちと本を読む石井桃子
1958（昭和33）～1964（昭和39）年頃
写真提供：東京子ども図書館

◆145-5資* 写
文庫のクリスマス　クイズを出すH君
1958（昭和33）～1964（昭和39）年頃
写真提供：東京子ども図書館

◆145-6資* 写
子どもたちのリクエストで、絵を描くバートンさん
1964（昭和39）年
写真提供：東京子ども図書館

◆145-7 立
文庫開設時より50年以上にわたり使われている椅子
デザイン：剣持勇
Chair at Katsura Library
Design: Kenmochi Isamu
1957（昭和32）年頃
ブナ材、ビニールレザー、発泡ウレタン
H67.5 × W43.5 × D46.0
東京子ども図書館蔵
Tokyo Children's Library

1957（昭和32）年頃に販売された剣持勇デザイン・秋田木工製作による「No.53」の脚をカットしたもの。詳細は不明だが、石井桃子と剣持は旧知の間柄であり、石井が文庫を開設する際、剣持が椅子の選定に関わったようだ。「No.53」は、高度経済成長に伴い集合住宅が増加するなか、スタッキング可能で軽い食堂用椅子として製作された。文庫では座面を張りかえて、現在も大切に使用されているが、椅子の脚は、近年、訪れる子どもの低年齢層化に伴い、さらに短くカットされている。［IY］

◆145-8*
機関車と鉄道員
バージニア・リー・バートン
Locomotive & Railway Workers
Virginia Lee Burton
1964（昭和39）年
紙・コンテ
45.0 × 60.0
東京子ども図書館蔵
Tokyo Children's Library

146［p.144］

タコすべり台

設計：前田環境美術（旧・前田屋外美術）
Octopus Slide
Maeda Environment Art Co., Ltd.
(Former Maeda Exterior Art Co., Ltd.
東京都調布市
1965（昭和40）年～

1960年代後半より国内各地の公園に設置されてきた遊具である。50年代の公団住宅内のプレイロットに設置された「石の山」は欧米からの影響で考案されたものだが、そこにタコの頭がつけられて、日本独自の単体の遊具として発展し、今も子どもたちの人気を集める。製作した前田屋外美術では、当時、春から秋にかけての公共施設の設計期間に、若手の彫刻家を雇って遊具の考案を行っていた。当時主流だった抽象彫刻を手本として提案したスロープが交差するすべり台が、施主である行政の担当者との打ち合わせのなかで新たな着想を得て、このような形になったという。滑らかな流線型は、溶接された鉄筋の上にモルタルを塗り重ね、表面を研ぎ上げてつくられている。現在は大きいものから幼児用の飛び出し止めのついた4種類に標準化されており、設置場所によって多様な塗装を施されて子どもたちに親しまれている。［OR］

◆146-1資* 写
東京都調布市調布駅前公園タコすべり台
1990（平成2）年
撮影：西山貞子

◆146-2資* 写
タコすべり台
東京都足立区水神橋公園
2018（平成30）年
写真提供：アトリエエヌ

◆146-3資 写
タコすべり台
東京都足立区上沼田東公園
2018（平成30）年
写真提供：アトリエエヌ

◆146-4資* 図
タコの山　東京都足立区千住四丁目児童公園　1:30
1960年代後半
図面（複製）
30 × 42
写真提供：アトリエエヌ

写真提供：日野市立図書館

◆142-7資* 写
日野市立図書館 多摩平児童図書館
設計：横浜国立大学建築学科（佐藤仁、山田弘康、宮下博）
東京都日野市
1970（昭和45）年
正面外観
1976（昭和51）年
写真提供 日野市立図書館

◆142-8資* 写
日野市立図書館 多摩平児童図書館
1970（昭和45）年
閲覧室
1976（昭和51）年
写真提供：日野市立図書館

143［p.150］

黒石ほるぷ子ども館

設計：菊竹清訓建築設計事務所
Kuroishi Holp Children's Library
Kikutake Architects
青森県黒石市
1975（昭和50）年
5310.47 m^2 ／159.08 m^2 ／110.40 m^2
木造、一部RC造／1階

「温湯こけし」発祥の地としても知られる黒石市温湯地区に建てられた黒石ほるぷ子ども館は、図書月販会社の株式会社ほるぷが黒石市に寄贈した施設。設計を依頼された菊竹清訓は、建物の設計のみならず図書、遊具の選定にも関わった。菊竹は、りんご畑が広がる一帯、遠くに山々を望み、近くを浅瀬石川が流れる地を建設場所に選定し、津軽地方の民家を思わせる木造の小さな図書館を設計した。屋根の上には開館を知らせる「ほるぷレーダー」が輝いている。「子供の本の住家として居心地の良い建築」であるとともに、住家と同じように子どもたちが自然に暮らしのマナーを身につけることができるよう配慮され、全体の空間が構成された。子どもたちは玄関から靴を脱いで入り、閲覧室や中2階のお気に入りの場所へ。時には閲覧室内の柱によじ登り、窓辺で本を読み、りんごのカーペットの上で昼寝をする。自然の中に溶け込むように建つ黒石ほるぷ子ども館は、同館スタッフの言葉どおり「子供の素直な心にまっすぐ届く、不思議な力をもった建物」なのである。［IY］

◆143-1資 写
東から見た外観
2008（平成20）年
撮影：スタジオクルー
写真提供：アーハウス編集部

◆143-2資 写
中2階より1階を見下ろす
2008（平成20）年
撮影：スタジオクルー
写真提供：アーハウス編集部

◆143-3資* 写
中2階を見上げる
2008（平成20）年
撮影：スタジオクルー
写真提供：アーハウス編集部

◆143-4資 写
東側出入口から見た中2階
2008（平成20）年
撮影：スタジオクルー
写真提供：アーハウス編集部

◆143-5資* 写
西面大窓「ふるさとの窓」
2008（平成20）年
撮影：スタジオクルー
写真提供：アーハウス編集部

◆143-6* 図
矩計図 1:20
Sectional Detail 1:20
1974（昭和49）年
鉛筆、トレーシングペーパー
58.4×84.2
株式会社情報建築蔵
Joho Kenchiku Co., Ltd.

◆143-7* 図
室内詳細図 1:20
Interior Detail Plan 1:20
1977（昭和52）年
鉛筆、色鉛筆、トレーシングペーパー
59.3×84.2
株式会社情報建築蔵
Joho Kenchiku Co., Ltd.

菊竹清訓が設計にあたり参照したという伝統的な民家のスケールが、本作から見てとれる。図面中央に見られる「回転書架」は可動書棚であり、観音開きすることで南側の遊び場を一望することができる。また植松國臣にデザインを依頼したりんごのカーペットがすでに描きこまれており、空間を規定する大切な要素と考えていたことがわかる。［OR］

◆143-8*
黒石ほるぷ子ども館パンフレット
Pamphlet of Kuroishi Holp Children's Library
1975（昭和50）年
印刷物
25.5×20.0
黒石市教育委員会蔵
Kuroishi City Education Committee

◆143-9* 模
模型 1:50
Model 1:50
2018（平成30）年
ミクストメディア
84.1×59.4×27.0
模型制作：澤田昂明（ヌーブ）、大山友秋、小川華歩、田島紗弥
Production: Sawada Takaaki (Neuob); Oyama Tomoaki, Ogawa Kaho, Tajima Saya

144［p.148］

東京子ども図書館

設計：草野建築設計事務所
Tokyo Children's Library
Kusano Architect & Associate
東京都中野区
1997（平成9）年
367.91 m^2 ／220.43 m^2 ／550.1 m^2
RC造／2階、地下1階

東京子ども図書館は、1950年代から60年代にかけ東京都内で活動を始めた「かつら文庫」など4つの家庭文庫を母体として生まれた私立の図書館である。1974年に設立されて以来ビルの貸室等で活動を行ってきたが、スタッフの間で活動のあり方も含め、建物に関する話し合いが何度も持たれ、十分な検討を踏まえた上で開館に至っている。設計は、かつて鬼頭梓設計事務所に在籍し日野市立中央図書館の設計にも携わった草野光廣が担当、随所にその時の経験が生かされている。同館は、児童室の他、児童書調査研究のための資料室、子どもたちがお話を聞くための特別な空間「おはなしの部屋」、ホールなどから構成される。児童室へは建物メインエントランス以外に子ども用の小さな入口からもアクセスすることができ、低い目線に合わせたカウンターが設置されている。また、児童室内には意図的に少し隠れたスペースを設け、子どもが一人の世界に入りやすいよう配慮がなされており、どんなに小さい子どもであっても一人の人間として尊重しようとする設計者の思いを感じとることができる。［IY］

◆144-1資 写
南東側からの全景 竣工当時
1997（平成9）年
撮影：畑亮

◆144-2資 写
レンガの壁に囲まれたおはなしのへや
1997（平成9）年
撮影：畑亮

◆140-2資　写
玄関（屋根の上の風見鶏のデザイン：粟津潔）
2018（平成30）年
撮影：栗原宏光
写真提供：江原恵明会

◆140-3資*　写
戸外遊戯室の場（ウッドデッキ）
2018（平成30）年
撮影：栗原宏光
写真提供：江原恵明会

◆140-4資　写
いすの間（共同保育室）
2018（平成30）年
撮影：栗原宏光
写真提供：江原恵明会

◆140-5資*　写
ゆかの間（4歳保育室）
2018（平成30）年
撮影：栗原宏光
写真提供：江原恵明会

◆140-6資*　写
いたの間（遊戯室）
2018（平成30）年
撮影：栗原宏光
写真提供：江原恵明会

◆140-7資　写
吹き抜けでつながる1階と2階のいすの間（共同保育室）
2018（平成30）年
撮影：栗原宏光
写真提供：江原恵明会

141［p.142］

田上町竹の友幼稚園（現・竹の友幼児園）

設計：難波和彦＋玉井一匡（界工作舎）
Former Tagami Town Takenotomo Kindergarten (Takenotomo Nursery School)
Namba Kazuhiko & Tamai Kazumasa (Kai Workshop)
新潟県南蒲原郡田上町
1978（昭和53）年
13,728m^2／1,512m^2／1,467m^2
RC造、一部S造／2階、塔屋1階／保育室8室

雪国に建つ幼稚園であり、冬期の子どもたちの活動空間を確保するため、鉄骨のスペーストラスの大屋根で広場を覆い、その下に自律的に保育室等の機能空間を設けている。全体を遊具に見立てて、ロフトやデンを内包する円筒、列柱、ベンチ、階段、2階ギャラリー等、多様な形態の居場所や動きを生み出す仕掛けが用意され、白を基調として印象的な色彩を配することにより、子どもの場としての性格を強めている。また、多様な屋根や塔、ハイサイドライト等の形態要素が組み合わされた外観は、ここが子どもの場であるというサインの役割を果たしていると言える。［NS］

◆141-1資　写
北から見た園舎外観
1978（昭和53）年
19.5×25
撮影：大橋富夫

◆141-2資　写
多目的室
1981（昭和56）年
撮影：難波和彦
写真提供：界工作舎

◆141-3資　写
ワークスペースとクラスルームの間の通路
1978（昭和53）年
撮影：難波和彦
写真提供：界工作舎

◆141-4資*　写
グラウンドとクラスルームをつなぐがんぎ（屋外通路）
1978（昭和53）年
撮影：難波和彦
写真提供：界工作舎

◆141-5資*　写
多目的室の天井のスペーストラスとジャングルジム
1978（昭和53）年
撮影：長澤悟

◆141-6資　写
2室ごとにまとめられたセミオープンのクラスルーム
1978（昭和53）年
撮影：長澤悟

◆141-7資*　写
学習センターの積木のような柱
1978（昭和53）年
撮影：長澤悟

142［p.149］

日野市立図書館（中央図書館）

設計：鬼頭梓建築設計事務所
Hino City Library
Kito Azusa Architect Office
東京都日野市
1973（昭和48）年
－／900m^2／2,220m^2
RC造／2階、地下1階

建築物としての日野市立中央図書館は1973（昭和48）年の開館であるが、その前身となる日野市立図書館は1965（昭和40）年に、施設を持たない移動図書館（「ひまわり号」）として活動を開始している。「何でも、どこでも、誰にでも」という方針を掲げ、市民への貸出サービスに力を入れたその取り組みを推進したのは館長の前川恒雄。翌1966（昭和41）年には「動かない図書館がほしいよ」という子どもの要望により、廃車になった都電の車両を活用した分館を開設したのを皮切りに、その後の7年の活動期間で移動図書館2台とその68のステーション、そして6か所の分館を擁するまでに成長させた。市民の20%が利用登録をし、年間の貸出冊数も63万冊に達するなど広く市民に浸透した「図書館」活動の結果として建設されたのがこの中央図書館なのである。設計は、東京経済大学の図書館の設計を手がけた鬼頭梓に依頼。鬼頭は、実際に移動図書館に同乗し、移動図書館と市民の関係を考察するところから設計を開始した。開館後も図書館は「施設」ではなく「活動」であるという前川の理念は揺るぐことなく、それまでの「閲覧」よりも「貸出サービス」に力を置く方向性は、その後の図書館の大きなモデルとなっていった。［IY］

◆142-1資　写
L字型に囲まれた中庭
1973（昭和48）年頃
撮影：畑亮

◆142-2資*　写
開架室から庭をのぞむ
1973（昭和48）年頃
撮影：畑亮

◆142-3資　写
日野市立図書館 移動図書館ひまわり号
1965（昭和40）年
東光寺団地での貸し出し
昭和40年代初頭
写真提供：日野市立図書館

◆142-4資*　写
日野市立図書館 移動図書館ひまわり号
1965（昭和40）年
新井保育園へ
1982（昭和57）年
写真提供：日野市立図書館

◆142-5資*　写
日野市立図書館 多摩平児童図書館（電車図書館）
1966（昭和41）年
外観
1967（昭和42）年
写真提供：日野市立図書館

◆142-6資*　写
日野市立図書館 多摩平児童図書館（電車図書館）
1966（昭和41）年
内観
1967（昭和42）年

1980（昭和55）年3月6日
トレーシングペーパー・色鉛筆
42.5 × 53.5
制作：富田玲子
Drawn by Tomita Reiko

［138-8, 9, 10］校舎の配置を決定づけることになった「軸の発見」。1辺100メートルの正方形と2本の対角線。その1本は駅前からの真っ直ぐな道の延長上にある。もう一つの対角線に加え、正方形と南北軸が建物と校庭全体の配置計画の基準線になるだろう。この構成は何日も仲間たちとスケッチを重ねていて、ついにこの日の朝3時頃富田玲子が描きながら確信を得たもの。［TR］

◆138-9*　図
構想スケッチ
Sketch
1980（昭和55）年
トレーシングペーパー・色鉛筆
42.5 × 51.5
制作：富田玲子
Drawn by Tomita Reiko

◆138-10*　図
構想スケッチ
Sketch
1980（昭和55）年
トレーシングペーパー・色鉛筆
42.5 × 60.5
制作：富田玲子
Drawn by Tomita Reiko

◆138-11*　模
模型　1:200
Model
2018（平成30）年
ミクストメディア
H9 × 57 × 81
模型制作：象設計集団
Production: Atelier Zo

139［p.138］

目黒区立宮前小学校

設計：日本建築学会・学校建築に関する委員会
実施設計：アルコム
Meguro Miyamae Elementary School
Architectural Institute of Japan, Committee for School Architecture, Design: ARCOM R&D Architects
東京都目黒区
1985（昭和60）年
12,577 m^2 ／ 4,085.75 m^2 ／ 5,089 m^2
RC造／2階／12室

鉄骨造校舎のモデルスクールとして学校建築史に名を残す旧校舎の建て替えにあたり、再び新たな学校像を世に示すべく、日本建築学会の分野横断的な委員会により計画が進められた。個別化・個性化教育を目標としてオープンスペースを設ける先進校が現れ始めていた時代であり、その評価をもとに一人一人に目を向けた教育空間のあり方を示すことが目標とされ、メディアスペースや学校全体を図書館と捉える考え方などが提案されている。
それはまた子どもたちの生活の場として学校空間を捉え直すことを意味した。図書、児童会等のコーナーや、敷地のレベル差を生かしたモール（建物の間の通路状の中庭）、穴蔵、隙間、階段、ベンチ、半屋外空間等、内外に様々な居場所が、視覚的連続性を持たせて用意され、外壁には松川淳子による壁画が描かれ、また柔らかな色彩計画が行われている。光、熱、音、換気等、目に見えない室内環境の質や天井高の心理的影響等について考慮されていることも特筆できる。［NS］

◆139-1資　写
北からの鳥瞰
2018（平成30）年
写真提供：目黒区立宮前小学校

◆139-2資　写
外部モール（左の壁画デザイン：松川淳子）
2018（平成30）年
写真提供：目黒区立宮前小学校

◆139-3資*　写
教室　給食準備の様子　右にオープンスペース
2018（平成30）年
写真提供：目黒区立宮前小学校

◆139-4資　写
教室　ホワイトボードを並べた学習風景
2018（平成30）年
写真提供：目黒区立宮前小学校

◆139-5資*　写
図工室
2018（平成30）年
写真提供：目黒区立宮前小学校

◆139-6資　写
児童ごとに区画化された南側農園
2018（平成30）年
写真提供：目黒区立宮前小学校

◆139-7資*　図
基本計画オープンスペース、ワークスペース使い方スケッチ
1983（昭和58）年3月10日
紙・ペン（複製）
21 × 49.4
制作：上野淳

◆139-9*　模
模型　1:300
Model
1983（昭和58）
木・紙・スチレン・スタイロフォーム
15 × 60 × 90
制作：日本建築学会・学校建築委員会
Production: Architectural Institute of Japan, Committee for School Architecture
目黒区立宮前小学校蔵
Meguro Miyamae Elementary School

140［p.140］

津山口保育園（現・KOKKO保育園）

設計：小川信子＋小川建築工房
企画監修：CDI（文化開発研究所）、川添登
Former Tsuyamaguchi Nursery School (KOKKO Nursery School)
Ogawa Nobuko & Ogawa Architect Studio
岡山県津山市
1977（昭和52）年
1,125.64 m^2 ／ 463.04 m^2 ／ 701.80 m
RC造、一部S造／2階／保育室6室

1960年代初頭より30年間近くにわたって幼児施設の研究と設計を手がけた小川信子が、城下町津山の医師で文化人の園長・江原滋に依頼された保育園である。小川信子の設計手法は、建築計画学における空間の使われ方の調査と、生活学をベースとした子どもの生活実態の調査研究の両方を取り入れた点に特徴がある。ここでも昼寝と床遊びを行う「ゆかの間」と、食事や制作を行うための机や椅子を置くことができる「いすの間」とに空間を分けることで、子どもが各自のペースに合わせて生活できるよう配慮されている。2階で保育される年少児は、広い吹き抜けに張り出したアルコーブから階下の様子を見ることができる。園長は子どもの生活の質の向上に深い関心を寄せた。園児の食事に陶磁器の食器を取り入れるといったその保育の工夫に共感した設計者により、戸外空間の充実、屋根の上の風見鶏（デザイン：粟津潔）や壁のピノキオ（デザイン：江原秀国）を備えた多様な空間がつくり出された。［OR］

◆140-1資*　写
遠景
2018（平成30）年
撮影：栗原宏光
写真提供：江原恵明会

136-1資　写
東からの外観
018（平成30）年
真提供：加藤学園暁秀初等学校
136-2資*　写
室
970年代
真提供：槇総合計画事務所
136-3資*　写
リジナルの家具
970年代
影：村井修

136-4資　写
ープン教室の学習風景
018（平成30）年
真提供：加藤学園暁秀初等学校
136-5資*　写
イ・コマイのスーパーグラフィック
018（平成30）年
真提供：加藤学園暁秀初等学校
136-6資*　写
室前のカラフルな階段室
970年代
影：村井修
136-7資　写
び心のあるロッカー
970年代
影：村井修
136-8資　写
習センター
970年代
真提供：槇総合計画事務所
136-9資*　図
階プレゼ図
972（昭和47）年
面（複写）
像提供：槇総合計画事務所

37［p.134］

東浦町立緒川小学校
計：杉森格、田中・西野設計事務所
igashiura Town Ogawa Elementary
chool
ugimori Itaru, Tanaka & Nishino
rchitect Office
知県知多郡東浦町
978（昭和53）年
7,876 m^2／6,286 m^2／7,497 m^2
C造／2階／24+1室

計者の杉森格はアメリカのオープン・クールを自ら研究し、フレキシビリィの高い学校建築を生み出した。低学年教室棟、中高学年教室棟が中庭を挟んで配置されており、各棟は教室とオープンスペースから成る学年ユニットが、ランチルームや多目的ホールをL形で囲む構成をとる。カーペットフロア、システムウォール、多様な家具で構成され、オープンスペースには図書や教科のコーナーや学習形態に応じたスペースが用意され、多様な学習活動が展開されるようになるのに伴い、教師の手で教室とオープンスペース間の間仕切りが取り外され、小室が設けられるなど、フレキシビリティが生かされた。
本校をはじめとする個別化・個性化教育を目指す先進校の取り組みは、子どもを中心に据えた教育改革の可能性や方向性、オープンスペースの有効性を示す役割を果たし、1980年代後半からの学校建築の大きな変化を生み出した。［NS］

◆137-1資　写
正面玄関
2018（平成30）年
写真提供：東浦町立緒川小学校
◆137-2資　写
ホール
1978（昭和53）年
写真提供：東浦町立緒川小学校
◆137-3資　写
アルコーブ（床の段々）での授業風景
1980年頃
写真提供：東浦町立緒川小学校
◆137-4資　写
教室、学習風景
1980年頃
写真提供：東浦町立緒川小学校
◆137-5資*　写
6年フロア、図書コーナーとはげみ学習コーナー
1980年頃
写真提供：東浦町立緒川小学校
◆137-6資*　写
5年フロアの教室ゾーン（現在は6年ラーニングセンター）
1980（昭和55）年
写真提供：東浦町立緒川小学校
◆137-7資　写
低いテーブルを用いた学習風景
1979（昭和54）年
写真提供：東浦町立緒川小学校
◆137-8資*　写
中庭、つどいのランチタイム
1980年頃
写真提供：東浦町立緒川小学校
◆137-9資*　写
東浦町立緒川小学校　上下足入れ
2018（平成30）年

138［p.136］

宮代町立笠原小学校
設計：象設計集団
Miyashiro Town Kasahara Elementary School
Atelier Zo
埼玉県南埼玉郡宮代町
1982（昭和57）年
29,562 m^2／4,644 m^2／7,129 m^2
RC造／2階／24+1室

たくましく心豊かな子どもを育てるための環境、自然と楽しみながら生活できるような空間、様々な学習方法を試みることができる環境の実現を目標として設計された。設計者の富田玲子は、学校を多様な空間からなる“楽しいまち”と捉え、山、丘、池があり、高学年には瓦葺きの大屋根、低学年は小屋根、特別教室の平屋根が立ち並び、半屋外の“街路”が結ぶ。教室は様々な機能を持つ“すまい”と考え、玄関、応接間、水場、テラス、庭があり、子どもたちは裸足で、藤棚に囲まれた芝生の中庭に飛び出す。赤い列柱に彫り込まれたいろはがるた、随所に設けられた星座、飾り鳩、子どものガラス絵、小さなベンチ等が、幼い日の生活の一部に、成長してからの思い出となるようにという設計者の思いを表している。［NS］

◆138-1資*　写
北から見た低学年棟外観
2018（平成30）年
撮影：北田英治
◆138-2資*　写
グラウンド越しに東南から見た校舎
2011（平成23）年
撮影：北田英治
◆138-3資　写
南から見た高学年棟外観
2018年
撮影：北田英治
◆138-4資　写
回廊
2018年
撮影：北田英治
◆138-5資*　写
ジャブジャブ池
1982年
写真提供：象設計集団
◆138-6資　写
教室
2018年
撮影：北田英治
◆138-7資*　図
3、4年生の教室まわりのアクソメ図
1982年
ドローイング（原図作成：阿部節子、複製）
画像提供：象設計集団
◆138-8*　図
構想スケッチ「軸の発見」
Sketch “Discovery of Axis”

of *Suho's White Horse*
Akaba Suekichi
1967(昭和42)年
和紙・日本画絵具
27.3 × 69.0
ちひろ美術館蔵
Chihiro Art Museum

128＊

『スーホの白い馬』(p. 18-19) 原画
赤羽末吉
Original Painting of *Suho's White Horse* (p.18-19)
Akaba Suekichi
1967(昭和42)年
和紙・日本画絵具
27.1 × 66.3
ちひろ美術館蔵
Chihiro Art Museum

129 [p.122]

『いない いない ばあ』
ぶん：松谷みよ子、え：瀬川康男
発行：童心社
Peek-a-Boo
Author: Matsutani Miyoko,
Illustration: Segawa Yasuo
Doshinsha Publishing
1967(昭和42)年

『いない いない ばあ』(p. 15 きつね I) 原画
瀬川康男
Original Painting of *Peek-a-Boo* (p.15 Fox I)
Segawa Yasuo
1967(昭和42)年
MO紙・グワッシュ
48.0 × 32.7
ちひろ美術館蔵
Chihiro Art Museum

130 [p.123]

『いない いない ばあ』(p. 16 きつね II) 原画
瀬川康男
Original Painting of *Peek-a-Boo* (p.16 Fox II)
Segawa Yasuo
1967(昭和42)年
MO紙・グワッシュ
47.8 × 32.5
ちひろ美術館蔵
Chihiro Art Museum

131＊

『いない いない ばあ』(pp. 18-19 のんちゃん) 原画
瀬川康男
Original Painting of *Peek-a-Boo* (p.18-19 Non-Chan)
Segawa Yasuo
1967(昭和42)年
紙・リトグラフ
32.8 × 47.9
ちひろ美術館蔵
Chihiro Art Museum

132 [p.128]

『11ぴきのねこ』
馬場のぼる
発行：こぐま社
Eleven Cats
Baba Noboru
Koguma Publishing
1967(昭和42)年

『11ぴきのねこ』(p. 10)
馬場のぼる
Lithography after *Eleven Cats* (p.10)
Baba Noboru
1970(昭和45)年前後
紙・リトグラフ
34.8 × 25.2
こぐま社蔵
Koguma Publishing Co, Ltd.

133 [p.126]

『わたしのワンピース』
えとぶん：にしまきかやこ
こぐま社
My Dress
Nishimaki Kayako
Koguma Publishing
1969(昭和44)年

『わたしのワンピース』(p. 5)
西巻茅子
Lithography after *My Dress* (p.5)
Nishimaki Kayako
2002(平成14)年
紙・リトグラフ
20.0 × 21.5
個人蔵
Private Collection

134 [p.126]

『わたしのワンピース』(pp. 8–9)
西巻茅子
Lithography after *My Dress* (pp.8-9)
Nishimaki Kayako
2002(平成14)年
紙・リトグラフ
19.0 × 42.3
個人蔵
Private Collection

135 [p.127]

『わたしのワンピース』(p. 11)
西巻茅子
Lithography after *My Dress* (p.11)
Nishimaki Kayako
2002(平成14)年
紙・リトグラフ
20.2 × 21.5
個人蔵
Private Collection

第4章
おしゃべり、いたずら、探検
——多様化と個性化の時代
1971-1985

136 [p.132]

加藤学園暁秀初等学校
設計：槇総合計画事務所
Katoh Gakuen Gyoshu Elementary School
Maki and Associates
静岡県沼津市
1972(昭和47)年
6,782 m^2／2,185.29 m^2／3,147.94 m
RC造／2階、地下1階／無学年6クラス

槇文彦設計によるわが国初のオープンスクールである。定型の教室から脱し、16 m角の、可動間仕切りで4つに仕切れる学習スペースとし、80人程の無学年の集団が弾力的に学習を展開できる想定で計画された。昇降口を入るとレベルの異なる2つの学習センターが広がり、それを挟んで2階建ての4つの学習スペースと、それぞれに特色ある空間を持つ特別教室が中庭（透明な壁）を介して配置され、空間の分離と視線の連続を両立させている。
床レベル、天井高、開口部の高さや形状等が変化する内部空間とバルコニーや屋上広場、レイ・コマイによる色彩計画やスーパーグラフィック、可動机や大型家具のロッカー等、学校建築も子どもたちにとって自由で美しい空間でありうることを示した。
子どもたちの「個を生かす」を教育理念に基づき、自由度の高いスペースを生かした多様な学習形態の展開は、当時変化を始めたわが国の学校教育に大きな刺激を与えた。[NS]

小島一郎
Sakuraba, Hirosaki City
Kojima Ichiro
1958（昭和33）～61（昭和36）年
ゼラチンシルバープリント
6.5 × 24.3
青森県立美術館蔵
Aomori Museum of Art

［118-123］小島一郎は1924（大正13）年青森市生まれの写真家。1954（昭和29）年頃から写真家としての活動を開始し、1964（昭和39）年に39歳で急逝するまでの10年間、青森の寒村の風景やそこに生きる人々への深い共感を、覆い焼きや複写の技法を駆使しながら力強く写し出していった。「近代化」や「地方」について考えさせられるその鮮烈なイメージは、死後50年以上経った今も多くの人々の心を捉えている。［IY］

119*

津軽地方
小島一郎
Tsugaru
Kojima Ichiro
1958（昭和33）年
ゼラチンシルバープリント
6.6 × 24.1
青森県立美術館蔵
Aomori Museum of Art

120［p.119］

津軽地方南部
小島一郎
South Part of Tsugaru
Kojima Ichiro
1958（昭和33）年
ゼラチンシルバープリント
7.1 × 30.6
青森県立美術館蔵
Aomori Museum of Art

121*

《津軽の子》／つがる市木造亀ヶ岡
小島一郎
Children in Tsugaru / Kizukuri Kamegaoka, Tsugaru City
Kojima Ichiro
1958（昭和33）年
ゼラチンシルバープリント
4.5 × 16.5
青森県立美術館蔵
Aomori Museum of Art

122*

津軽市車力深沢
小島一郎
Shariki Fukasawa, Tsugaru City
Kojima Ichiro
1960（昭和35）年
ゼラチンシルバープリント
8.3 × 5.3
青森県立美術館蔵
Aomori Museum of Art

123［p.119］

《ままごと》/ 津軽地方
小島一郎
Play House / Tsugaru
Kojima Ichiro
1959（昭和34）年頃
ゼラチンシルバープリント
8.3 × 5.5
青森県立美術館蔵
Aomori Museum of Art

124［p.120］

『きりん』
尾崎書房（1948〔昭和23〕年2月～1950〔昭和25〕年9月）／日本童詩研究会（～1962〔昭和37〕年5月）／理論社（～1971〔昭和46〕年）
Kirin, monthly for children's poetry
Ozaki Shobo (February 1948 - September 1950)/Nihon Warabeuta Kenkyukai (- May 1962) /Rironsha (- 1971)
1948（昭和23）～1971（昭和46）年

関西を拠点に創作活動を行った詩人の竹中郁と作家の井上靖が主宰し、1948（昭和23）年2月に大阪の尾崎書房から創刊された児童詩誌。井上は「世界で一番美しい雑誌を作りましょう。きっとできますよ」と創刊号に記している。子供の原初的な創造力を信頼し、その表現活動を支えることで、子供たちの自由で豊かな創造の世界が毎号提示されていった。1960年代には理論社が版元となり、1971（昭和46）年3月まで計220号が刊行された長寿雑誌でもある。竹中は関西の現代美術家たちとの交流が深く、その縁で脇田和、須田剋太、小磯良平の他、吉原治良、東貞美、田中敦子、白髪一雄、山崎つる子、元永定正など具体美術協会のメンバーが表紙絵を手がけたことでも知られる。吉原は表紙絵の依頼を受けた際に、編集主幹と表紙絵の選定を担当していた尾崎書房の浮田要三と意気投合し（浮田はその後1955年に具体美術協会へ参加）、自由な発想で描かれた子供の絵に対して興味を持ちはじめ、同じ1948年からは「児童創作美術展」（後の「童美展」）の審査員も務めている。［IY］

『きりん』1巻1号（表紙：脇田和）
Kirin, Volume 1, Issue 1 (Front Cover: Wakita Kazu)
1948（昭和23）年2月
印刷物
25.8 × 18.5
大阪府立中央図書館 国際児童文学館蔵
Center for International Children's Literature, Osaka Prefectural Central Library
写真提供：日本近代文学館

125［p.120］

『きりん』1巻3号（表紙：吉原治良）
Kirin, Volume 1, Issue 3 (Front Cover: Yoshihara Jiro)
1948（昭和23）年4、5月
印刷物
25.8 × 18.5
大阪府立中央図書館 国際児童文学館蔵
Center for International Children's Literature, Osaka Prefectural Central Library
写真提供：日本近代文学館

126*［p.121］

『きりん』4巻8号（表紙：西宮高校4年生 阪本正美）
Kirin, Volume 4, Issue 8 (Front Cover: Sakamoto Masami, 4th Grade in Nishinomiya High School)
1951（昭和26）年8月
印刷物
18.0 × 18.0
大阪府立中央図書館 国際児童文学館蔵
Center for International Children's Literature, Osaka Prefectural Central Library

◆126-1資
大阪市立美術館において開催された「きりん展」（12月13～18日）会場風景
1955（昭和30）年
撮影：吉田稔郎
写真提供：加藤瑞穂

127［p.124］

『スーホの白い馬』
再話：大塚勇三、画：赤羽末吉
発行：福音館書店
Suho's White Horse
Retelling: Otsuka Yuzo, Illustration: Akaba Suekichi
Fukuinkan Shoten Publishers
1967(昭和42）年

『スーホの白い馬』表紙原画
赤羽末吉
Original Painting of the Front Cover

写真提供：大谷研究室

◆110-5資* 写
大ホール（緞帳デザイン：杉浦康平）
1964（昭和39）年
写真提供：大谷研究室

◆110-6*
コラージュ 増殖する児童会館
大谷幸夫
Collage: Proliferation of Children's Hall
Otani Sachio
1964（昭和39）年
フォトコラージュ・ペン・スクリーントーン／紙、布・パネル
41×62×1.7
大谷研究室蔵
Otani Laboratory
画像提供：森美術館

111［p.116］

こどもの国児童遊園
設計：大谷幸夫、イサム・ノグチ
Kodomo no Kuni Children's Playground
Otani Sachio, Noguchi Isamu
神奈川県横浜市
1966（昭和41）年（児童遊園部分）
100ha（全域）／832 m²（児童遊園架構部分）

皇太子と同妃殿下の御成婚を記念して、全国から寄せられたお祝い金を基金につくられた。当時まだ米軍に接収されていた元弾薬庫跡地の払い下げを受け、多摩丘陵の広大な土地が自然豊かな子どもの遊び場に変わった。マスタープランを作成したのは丹下健三研究室出身の浅田孝で、彼が牽引した建築運動「メタボリズム」の建築家たちである大高正人、菊竹清訓、黒川紀章らが主要な建物を設計している。また遊園部門には戦前より子どもの遊び場づくりに関わっていた造園家の金子九郎が参加した。その児童遊園の一つのデザインがイサム・ノグチに依頼され、3方を丘に囲まれた谷あいの土地の地形を巧みに活かした切通しの道の配置、遊具彫刻「丸山」などを含む遊び場のデザインが提案された。コンクリートの柱の上に連続する三角形の鉄板のシェルを架けた休憩所は、大谷幸夫の設計による。ここをモデルとして、「地方こどもの国」と呼ばれる各県版のこどもの国が自治体によって設置されていった。［OR］

◆111-1資 写
遠景
1965（昭和40）年～1966（昭和41）年
写真提供：イサム・ノグチ財団・庭園美術館（ニューヨーク）

◆111-2資 写
噴水越しに丸山をのぞむ
1965（昭和40）年～1966（昭和41）年
写真提供：イサム・ノグチ財団・庭園美術館（ニューヨーク）

◆111-3資* 写
イサム・ノグチ、こどもの国児童遊園にて
1965（昭和40）年
写真提供：イサム・ノグチ財団・庭園美術館（ニューヨーク）

◆111-4資* 写
丸山と子ども
撮影年不詳
12.8×18.2
写真提供：大谷幸夫研究室

◆111-5 図
こどもの国A地区児童遊園　配置図　1:300
Children's Playground at Kodomo no Kuni (National Children's Land in Yokohama), Plot Plan 1:300
1965（昭和40）年
青焼図
78.5×108.0
国立近現代建築資料館蔵
National Archives of Modern Architecture

◆111-6* 図
こどもの国　児童館と遊び場　ジャングルジムB詳細図　1:50
大谷幸夫、イサム・ノグチ
Children's Hall and Playground in Kodomo no Kuni (National Children's Land in Yokohama), Jungle Gym B Detail Plan 1:50
Otani Sachio, Noguchi Isamu
1965（昭和40）年
青焼図
54.0×80.0
国立近現代建築資料館蔵
National Archives of Modern Architecture

112*

《仔いぬ》（「江東のこども」より）
土門拳
Puppy from the series "Children in Koto"
Domon Ken
1955（昭和30）年
ゼラチンシルバープリント
32.6×22.8
東京都写真美術館蔵
Tokyo Photographic Art Museum

113*

《ベーゴマ》（「江東のこども」より）
Begoma (Shell top of cast metal) from the series "Children in Koto"
土門拳
1953（昭和28）年
ゼラチンシルバープリント
32.8×22.9
東京都写真美術館蔵
Tokyo Photographic Art Museum

114*

《紙芝居》（「江東のこども」より）
A Picture-strory Show from the serie[s] "Children in Koto"
土門拳
1953（昭和28）～1954（昭和29）年
ゼラチンシルバープリント
32.6×22.8
東京都写真美術館蔵

115*

《おしくらまんじゅう》（「江東のこども」より）
Oshikuramanju (The game of pushing each other out) from the series "Children in Koto"
土門拳
1953（昭和28）～1954（昭和29）年
ゼラチンシルバープリント
229×329
東京都写真美術館蔵
Tokyo Photographic Art Museum

116［p.118］

《近藤勇と鞍馬天狗》（「江東のこども」より）
Kondo Isami & Kurama Tengu from the series "Children in Koto"
土門拳
1953（昭和28）-1954（昭和29）年
ゼラチンシルバープリント
22.9×32.6
東京都写真美術館蔵
Tokyo Photographic Art Museum

117*

《たこあげ、築地明石町》（「こどもたち」より）
Kite-Flying, Tsukiji Akashicho from the series "Children"
土門拳
1955（昭和30）年
ゼラチンシルバープリント
32.8×22.9
東京都写真美術館蔵
Tokyo Photographic Art Museum

118*

弘前市桜庭

◆107-6資* 写
用具棚
1968年頃
撮影：長澤悟

108［p.112］

広島こどもの家（広島市児童図書館）
設計：丹下健三
Hiroshima Children's Library
Tange Kenzo
広島県広島市
1953（昭和28）年／現存せず
―／315.5 m^2（シェル部分と下屋）／―
シェル構造／1階

戦後まもなく被爆地広島に計画された平和記念公園の一角に、同公園の建築を手がけていた丹下健三の設計でつくられた、広島の子どもたちのための図書館であった。戦争で荒廃した町並みのなか、子どもたちが集う大きな木陰というモチーフがとられた。当時アメリカから入ってきたばかりで工業用にしか用いられてなかった、無柱の朝顔形のシェル構造（構造物の大きさに比べ非常に薄い材料で作られる曲面板状の構造）を応用した最初の例であった。のちに代々木の国立屋内総合競技場へと発展し世界中の注目を集めた構造家・坪井善勝との最初の仕事である。外周部は全面ガラスのカーテンウォールとなったため、明るく開放的な空間が実現した。空調施設もない時代であったため夏は暑かったというが、開館時には連日多くの子どもたちが押し寄せ、その後30年間にわたって子どもたちの夢と知恵を育む場として活用された。建設費は故郷の復興を願う在米日本人たちの寄付で賄われ、図書の設置も彼らの協力で進められた。［OR］

◆108-1資 写
外観
1953（昭和28）年頃
撮影：丹下健三
写真提供：内田道子
◆108-2資 写
遠景
1953（昭和28）年
撮影：丹下健三
写真提供：内田道子
◆108-3資 写
図書室内観
1953（昭和28）年
撮影：丹下健三
写真提供：内田道子
◆108-4資* 写
広島こどもの家の前に立つ子どもたち
1953（昭和28）年
撮影：丹下健三
写真提供：内田道子
◆108-5資* 図
シェル部分立面配筋図他　1:20
1952（昭和27）年
青焼図（複写）
原寸84.4×55.6
図面制作：東京大学生産研究所坪井研究室
画像提供：東京大学生産研究所川口研究室

109［p.114］

公団住宅のプレイロット
設計：日本住宅公団
Play Lot for Apartment Buildings by Japan Housing Corp.
Japan Housing Corp.
東京都
1950年代後半～1960年代前半
幼児遊園150～300 m^2、児童遊園1,500～2,500 m^2

1950年代半ばより都市の人口増加に対応するため、日本住宅公団が設立され大規模団地の建設が始まった。これまでにない新しい生活空間を、建物、道路、屋外空間の相互関係のなかでいかに機能させていくかという課題のなかで生まれた子どもの遊び場が、プレイロットであった。プレイロットは児童遊園より規模の小さい、幼児のための比較的小さな遊び場である。棟と棟の間に、歩車道分離によって子どもが車と接することのない安全な空間に設けられた。最初はぶらんこやすべり台の配置から始まり、しだいに海外の影響を受けて造形的なプレイスカルプチュアーが導入された。プレイウォール、飛び石、変形ラダー、コンクリートでつくった石の山、円形スライダーといったこれらの遊具は同時に10人、20人の子どもたちが遊べるという利点もあった。1956年には都市公園法が制定され、全国の児童公園の標準設計が示されるようになったことも背景にあり、遊び場に対する関心が各方面から深まっていったことがうかがえる。［OR］

◆109-1資 写
プレイスカルプチャー
1950年代後半～1960年代前半
写真提供：田畑貞寿
◆109-2資 写
円形スライダー
1950年代後半～1960年代前半
写真提供：田畑貞寿
◆109-3資* 写
石の山と円形スライダー
1950年代後半～1960年代前半
写真提供：田畑貞寿
◆109-4資* 写
プレイスカルプチャー
1950年代後半～1960年代前半
写真提供：田畑貞寿

110［p.115］

東京都児童会館
設計：大谷幸夫
Tokyo Metropolitan Children's Hall
Otani Sachio
東京都渋谷区
1964（昭和39）年／現存せず
3,306 m^2／2,198 m^2／9,684 m^2
RC造／6階、地下2階

1950年代後半より急速に進んでいった市街地の高層高密度化と車社会への移行に伴い、子どもの遊びの空間は大きく変貌していった。そうした状況のなか、子どもたちの健やかな遊びを通して、生活の安定と心身の成長を援助するために東京都が設立した児童福祉施設としての大型児童館である。その設計にあたったのは、10年間、丹下健三研究室に在籍し、独立したばかりの大谷幸夫であった。活動内容は当初より児童の様々な活動に応えるため多岐にわたっており、地下2階から地上6階まである施設のなかには、ホール、展示場、音楽室、美術室、工作室などが計画された。そのため建築家は、各階をそれぞれ固有の活動空間に設定すると共にそれらを積木のように積層し、上下階の交差部分を吹き抜けの階段室にすることで各階を連結させた。これによって外部空間も多層化され、各階の屋根面を利用したテラスには、先駆的に屋上緑化計画も提案された。子どもたちの活動指導、ホールで開催される質の高い催事は好評を博したが、2012年閉館。［OR］

◆110-1資 写
美竹通りからのアプローチ
1964（昭和39）年
写真提供：大谷研究室
◆110-2資 写
玄関ホール
1964（昭和39）年
写真提供：大谷研究室
◆110-3資* 写
展示場
1964（昭和39）年
写真提供：大谷研究室
◆110-4資* 写
室内遊戯スペース
1964（昭和39）年

105［p.108］

七戸町立城南小学校

設計：東京大学吉武研究室
Shichinohe Town Jonan Elementary School
Tokyo University Yoshitake Laboratory
青森県上北郡七戸町
1965（昭和40）年／現存せず
30,000 m^2／ー／4,300 m^2
S造／2階／18＋2室

クラスター型の教室配置による学校建築の代表例。中央の音楽室・図書館棟を中心に平屋の低・中学年棟と2階建ての高学年棟が、広く不整形な敷地形状と高低差を生かして枝を広げるように伸びやかに配置されている。各棟の前には広いテラス、棟間には緑豊かな庭がとられ、屋内外の連続的な活動を可能にすると共に、子どもたちの情操を育む豊かな環境が実現された。屋内外が一体化した学校空間としては最初の例と言える。
RC造の標準設計に基づいて画一的な校舎建設が進んでいた時期に、軽量鉄骨造ならではの自然景観になじんだ変化のある外観と木材を活用した内装や建具による温かみのある内部空間を生み出している。［NS］

◆105-1資　写
図書館棟
撮影：長澤悟

◆105-2資*　写
半屋外の通路
撮影：長澤悟

◆105-3資　写
教室
撮影：長澤悟

106［p.110］

ゆかり文化幼稚園

設計：丹下健三都市・建築設計研究所
Yukari Bunka Kindergarten
Tange Associates Company
東京都世田谷区
1967（昭和42）年
3,030 m^2／930 m^2／1,320 m^2
RC造／3階／5室

南下がりの敷地の斜面を生かした配置により、3層の建物でありながら接地性を高め、自然を感じながら自由に園での生活を送れる環境となっている。異なる形状を持つ保育室と遊戯室のつなぎに半屋外空間をかみ合わせながら、小グループのための遊び空間を用意している。保育空間を覆う小さなボールトが連続する印象的な屋根形状は、同時に子どもの場にふさわしいリズムとスケール感を生み出し、一つ屋根の下で共に遊び、生活する場を表している。こうした空間の構成と配置は、子どもたちが遊び（学び）や活動を選びながら一日の生活のなかで多様な経験ができるようにという園の教育プログラム、保育形態にマッチしている。［NS］

◆106-1資　写
園庭越しに見た園舎
2018（平成30）年

◆106-2資*　写
園庭より園舎を見上げる
2018（平成30）年

◆106-3資　写
テラスの保育風景
1967（昭和42）年頃
写真提供：ゆかり文化幼稚園

◆106-4資*　写
2階中庭
1967（昭和42）年頃
写真提供：ゆかり文化幼稚園

◆106-5資*　写
手洗い場を見下ろす
1967（昭和42）年頃
写真提供：ゆかり文化幼稚園

◆106-6資　写
半屋外空間
1967（昭和42）年頃
写真提供：ゆかり文化幼稚園

◆106-7資　写
保育室
1967（昭和42）年頃
写真提供：ゆかり文化幼稚園

◆106-8資*　写
図面を検討する丹下健三
1967（昭和42）年頃
写真提供：ゆかり文化幼稚園

◆106-9*　図
平面図（ショードローイング）
Floor Plan
1967（昭和42）年頃
青焼図
110×80
ゆかり文化幼稚園蔵
Yukari Bunka Kindergarten

◆106-10*
ゆかり文化幼稚園　第1期工事写真帳
Photo Album of the First Construction Phase of Yukari Bunka Kindergarten
1966（昭和41）～1967（昭和42）年
紙
30.5×22
ゆかり文化幼稚園蔵
Yukari Bunka Kindergarten

波型のデザインが連続する美しい庇は、プレキャストコンクリート（工場であらかじめ打設したコンクリート部材）で計画されていたが、周囲の道路が狭く搬入が難しかったため、現場打ちコンクリートに変更された。当初のイメージを実現するため、複雑な型枠工事に注力する様子が工事写真帳に残されている。［OH］

107［p.109］

慶松幼稚園

設計：原広司
Keisho Kindergarten
Hara Hiroshi
東京都町田市
1968（昭和43）年
4,278 m^2／705 m^2／778 m^2
RC造／2階／5室

設計者の原広司は、その著書『建築に何が可能か　建築と人間と』（1967）において、「閉じた空間に孔（あな）をあける」という視点から建築を捉え、その空間単位を一定のシステムで連結することによって全体を構成するという「有孔体理論」を表した。これは音、熱、光、人間、もの等の作用因子を、孔によって制御することで空間を定義しようとするもので、形態は内部空間の要請にしたがって決定されることになる。
この幼稚園は有孔体理論の適応例の一つで、子どもの空間ならではの要請に応え、自由な活動領域を非均質な空間として生み出そうとしている。それにより子供の場として変化に富んだ表情を持つ建築になっている。［NS］

◆107-1資　写
外観
1968年頃
撮影：新潮社写真部
写真提供：新潮社

◆107-2資*　写
園庭越しに見た園舎
1968年頃
撮影：長澤悟

◆107-3資　写
屋上遊び場
1968年頃
撮影：長澤悟

◆107-4資　写
保育室
1968年頃
撮影：長澤悟

◆107-5資*　写
廊下、右側に保育室
1968年頃
撮影：長澤悟

1963（昭和38）年
写真提供：目黒区立宮前小学校

◆**102-6資*　写**
外廊下掲揚風景
1967（昭和42）年
写真提供：目黒区立宮前小学校

◆**102-7資*　写**
学校園
1967（昭和42）年
写真提供：目黒区立宮前小学校

◆**102-8資　写**
低学年棟における教室授業風景
1967（昭和42）年
写真提供：目黒区立宮前小学校

103［**p.102**］

八幡浜市立日土小学校（国指定重要文化財）

設計：松村正恒
Yawatahama City Hizuchi Elementary School
Matsumura Masatsune
愛媛県八幡浜市
中校舎1956（昭和31）年、東校舎1958（昭和33）年
−／中校舎399.77 m^2、東校舎478.26 m^2／−
木造／2階／6室

戦後の新しい教育を担う場として、地元、八幡浜市役所土木課の職員であった建築家・松村正恒が設計した校舎である。ゆったりとした勾配の階段、校舎と山の間を流れる川に大きく張り出したテラスなどに、子どもたちの居場所が随所に用意されている。また両校舎の中間に位置する図書室の美しい室内装飾が子どもたちに親しまれている。東校舎では教室と廊下の間に光庭を設け、その部分の切妻屋根を切り取ることで教室への両面採光と通風を確保している。廊下から教室がぶらさがったような形からクラスター（ブドウの房）型と呼ばれるこの平面配置は、戦後、建築計画の研究者が推奨し目黒区立宮前小学校旧校舎にも見られるもので、本作ではきわめて完成度の高いかたちで実現された。松村正恒は建築家・土浦亀城のもとでモダニズム建築の設計に携わり戦後帰郷し、30件以上の公共建築を実現した。本作はその代表作である。戦後の木造建築として初めて重要文化財に指定された。文化財的価値を維持しつつ、最新の教育施設としても機能している。［OR］

◆**103-1資　写**
川側から東校舎を見る
2012（平成24）年
撮影：山岸剛

◆**103-2資　写**
運動場越しに中校舎と東校舎を見る
2012（平成24）年
撮影：山岸剛

◆**103-3資*　写**
東校舎の階段
2012（平成24）年
撮影：山岸剛

◆**103-4資　写**
東校舎の旧昇降口
2012（平成24）年
撮影：山岸剛

◆**103-5資　写**
中校舎教室、給食風景
2012（平成24）年
撮影：山岸剛

◆**103-6資*　図**
東校舎平面図1階、2階　1:100
1958（昭和33）年
図面（複写）
原寸A1
画像提供：八幡浜市役所

◆**103-7資*　図**
東校舎矩計図（昇降口〜教室）1:20
1958（昭和33）年
図面（複写）
原寸A1
八幡浜市役所蔵
画像提供：八幡浜市役所

◆**103-8*　模**
模型 1:20
Model 1:20
2000（平成12）年
ミクストメディア
66×131×131
制作：神戸芸術工科大学花田佳明＋同大学学生有志
神戸芸術工科大学・花田研究室蔵
Model Created by: Hanada Yoshiaki & student volunteers of Kobe Design University
Hanada Laboratory, Kobe Design University

104［**p.106**］

朝日町立朝日小学校

設計：坂本鹿名夫
Asahi Town Asahi Elementary School
Sakamoto Kanao
三重県三重郡朝日町
1962（昭和37）年
21,421 m^2／572.56 m^2／2,487.38 m^2
RC造／4階

戦後の新しい建築の提案として、建築家の坂本鹿名夫の設計により全国100件以上実現された円形建築である。4階建ての円形校舎には1階に職員室、放送室、会議室、保健室、校長室、2階に教室、理科室、図書室、家庭科室、3階に音楽室、図工室、礼法室、資料室と充実した設備が整えられた。また最上階の4階は他の階より天井が高く体育館兼講堂となっている。各階の中央部は無柱の円形ホールとなっており、各教室間から直接アクセスできるようになっている。円周部分に配置される教室は扇形であるため、窓は児童の背後に設けられており、児童は中心に置かれた教壇と黒板に向かって授業を受けるかたちとなる。円形校舎の両側には2階建ての長方形の校舎が続いている。坂本鹿名夫は工事の経済性と、児童と教師の移動が楽で全体を見通せるといった平面上の利点から、円形校舎の普及に努めた。理科室、講堂など現役の学校校舎として使われており、そのシンボリックな外観は子どもたちに親しまれている。［OR］

◆**104-1資*　写**
西から見た校舎外観
2018（平成30）年
写真提供：朝日町教育委員会

◆**104-2資　写**
運動場越しの校舎外観
1960年代後半
写真提供：朝日町教育委員会

◆**104-3資*　写**
円形校舎外観
1962（昭和37）年頃
写真提供：朝日町教育委員会

◆**104-4資*　写**
円形校舎玄関
1962（昭和37）年頃
写真提供：朝日町教育委員会

◆**104-5資　写**
円形校舎
1962（昭和37）年頃
写真提供：朝日町教育委員会

◆**104-6資*　図**
3、4階平面図　1:100
1960（昭和35）年
図面（複写）
原寸53.9×77.5
写真提供：朝日町教育委員会

◆**104-7資*　図**
朝日町立朝日小学校　電気設備工事図
1:200
1960（昭和35）年
図面（複写）
原寸53.9×77.5
写真提供：朝日町教育委員会

19.0 × 26.0
青森県立美術館蔵
Aomori Museum of Art

99［p.094］

『幼年倶楽部』（『幼年クラブ』）
発行：大日本雄弁会講談社（講談社）
Yonen Club
Dainihon Yubenkai Kodansha
(Kodansha)
1925（大正14）～1944（昭和19）年および1945（昭和20）～1958（昭和33）年

『幼年倶楽部』10巻3号（表紙：多田北烏）
Yonen Club, Volume 10 Issue 3
(Front Cover: Tada Hokuu)
1935（昭和10）年3月
印刷物
22.0 × 15.0
青森県立美術館蔵
Aomori Museum of Art

100*

『幼年倶楽部』12巻9号（表紙：多田北烏）
Yonen Club, Volume 12, Issue 9
(Front Cover: Tada Hokuu)
1937（昭和12）年9月
印刷物
22.0 × 15.0
青森県立美術館蔵
Aomori Museum of Art

第3章 新しい時代の到来、子どもたちの夢の世界を築く 1950-1970

101［p.100］

新宿区立西戸山小学校
設計：東京都建築局工事課および新宿区教育課
Shinjuku Nishitoyama Elementary School
Tokyo Metropolitan Government Bureau of Construction, Construction Dept. and Shinjuku City Education Dept.
東京都新宿区
1951年（昭和26）
7,986 m^2／－／5,206 m^2
RC造／3階／24室

RC造校舎標準設計のモデルスクール。戦後、学校建築は戦災復興、新制中学校の発足、児童・生徒数の急増等に対して量的な整備が必要とされ、同時に不燃化、台風に強い建物とすることが求められた。戦争期間の技術的空白を背景に、RC造の標準設計の開発が文部省から日本建築学会に委嘱され、1950年にまとめられた。北側片廊下に9m×7mの教室を3m幅の廊下に並べ、端部に廊下部分を取り込んで特別教室を置くという、明治中期に定型となった平面形をRC造に置き換えたものであった。全国に広がり学校建築の画一化を招く元ともなった。
ただしこのモデルスクールの計画においては、登下校のアプローチを長くとり、高学年と低学年を南北の棟に分け学年ごとの生活圏を大事にしている。また、プレイルームを設けるなど、遊びや交流を生み出せる子どもの場にしようとした思いが伝わってくる。[NS]

◆101-1 資　写
東南から見た校舎
2018（平成30）年

◆101-2*
東京都新宿区西戸山小学校建築工事 文部省建築モデルスクール指定校 プレート
Construction of Shinjuku Nishitoyama Elementary School in Tokyo, Designated As Ministry of Education Model School of Architecture, Plate
1951（昭和26）年
金属
27.3 × 38.5 × 2
新宿区立西戸山小学校蔵
Shinjuku Nishitoyama Elementary School

◆101-3*
『東京都新宿区立西戸山小学校　新築工事概要』（東京都新宿区役所発行、1952年）
New Construction Overview of Shinjuku Nishitoyama Elementary School in Tokyo, Publisher: Shinjuku City Office, 1952
1952(昭和27）年
印刷物
18.2 × 25.7
新宿区立西戸山小学校蔵

◆101-4*
『新建築』第26巻第12号
Shinkenchiku, Volume 26, Issue 12
1951（昭和26）年12月
印刷物
18.2 × 25.7
新宿区立西戸山小学校蔵
Shinjuku Nishitoyama Elementary School

102［p.101］

目黒区立宮前小学校旧校舎（旧・八雲小学校分校）
設計：宮前小学校設計グループ
Former School Building of Meguro Miyamae Elementary School (Former Yakumo Elementary School Branch)
Miyamae Elementary School Design Group
東京都目黒区
1958（昭和33）年／現存せず
12,583 m^2／－／3,185 m^2
軽量S造／2階／24室

鉄骨造校舎のモデルスクール。RC造標準設計に対し、木造並みの建設単価で不燃化を実現できるようと軽量鉄骨造校舎の開発が1954年に文部省から日本建築学会に委嘱された。そのモデルとして建設された。部材が細いため子どもに優しいスケール感を持ち、軽快で明るい校舎は旧来の学校建築のイメージを破るものであった。
計画的には、廊下面積を減らして教育面積比率を高める工夫、2階建ての高学年棟に対し低学年棟を平屋とし、低学年児童のための空間を確保する教室配置がなされている。また、戦後のダルトン・プラン教育で机を並べ替え、多様な活動が行われていることに対し、教室を方向性のない8.1m角の正方形とし、靴棚や流し等は教室内ではなく前室に設けるなど、北側片廊下の定型から脱しようとする意図がうかがえる。両面採光やハイサイドライトによる均質な照度分布の室内環境等、学習、生活、室内環境にわたる総合的な提案が見られる。[NS]

◆102-1 資*　写
北からの鳥瞰（創立15周年記念写真）
1973（昭和48）年
12.3 × 17.8
個人蔵

◆102-2 資*　写
高学年棟
1958（昭和33）年頃
写真提供：目黒区立宮前小学校

◆102-3 資*　写
開校式
1958（昭和33）年
写真提供：目黒区立宮前小学校

◆102-4 資　写
左に低学年棟、右に体育館
1963（昭和38）年
写真提供：目黒区立宮前小学校

◆102-5 資*　写
体育館兼講堂

行された保育絵本。創刊当時の名称は『観察絵本キンダーブック』。戦時中は社名変更や書名変更、休刊などの困難にも直面したが、1946（昭和21）年に復刊され、現在も「子供の成長に欠かせないやさしさと思いやりの心、好奇心の芽生え、大切な生活習慣、友達との関わりと遊び」をテーマに据えた月刊誌として90年以上の長きにわたって発行が続いている。［IY］

『キンダーブック』10集8編
Kinderbook, Series 10, 8th Edition
1937（昭和12）年11月
印刷物
32.5 × 23.9
青森県立美術館蔵
Aomori Museum of Art

91［p.091］

『コドモノヒカリ』
発行：子供研究社（5巻7号から発行：帝國教育會出版部）
Kodomo no Hikari
Kodomo Kenkyusha (from Volume 5 Issue 7 onward: Publisher: Teikoku Kyouikukai Publishing Dept.)
1937（昭和12）〜1944（昭和19）年

『コドモノヒカリ』6巻11号
Kodomo no Hikari, Volume 6, Issue 11
1942（昭和17）年11月
印刷物
29.5 × 21.0
青森県立美術館蔵
Aomori Museum of Art

92*

『幼児標準絵本 3　ムラノコドモ』
発行：鈴木仁成堂書店（文：武井武雄、装幀：川上四郎）
Standard Picture Book for Infants: *Mura no Kodomo*
Suzuki Jinseido (Author: Takei Takeo, Cover Design: Kawakami Shiro)
1939（昭和14）年
印刷物
26.2 × 19.0
島田安彦コレクション
Shimada Yasuhiko Collection

93［p.094］

『少年倶楽部』（『少年クラブ』）
発行：大日本雄弁会講談社（講談社）
Shonen Club
Dainihon Yubenkai Kodansha (Kodansha)
1914（大正3）〜1962（昭和37）年

［93/96-100］大日本雄弁会講談社（現・講談社）が発行していた小学生高学年向けの雑誌。『少年倶楽部』は1914（大正3）年創刊。加藤謙一が編集長を務めた昭和初期に黄金時代を迎え、佐藤紅緑、吉川英治、大佛次郎らの小説、田河水泡の「のらくろ」や島田敬三の「冒険ダン吉」等の漫画などが大きな人気を博した。さらに読者参加ページの「滑稽大学」や巨大ペーパークラフトを付録にするといった斬新なアイデアも部数増に大きく貢献した。姉妹紙として、小学校高学年から女学校低学年を対象とした『少女倶楽部』、小学校低学年を対象とした『幼年倶楽部』がある。［IY］

『少年倶楽部』19巻1号（表紙：齋藤五百枝）
Shonen Club Volume 19, Issue 1 (Front Cover: Saito Ioe)
1932（昭和7）年1月
印刷物
22.0 × 15.0
青森県立美術館蔵
Aomori Museum of Art

94［p.096］

軍艦三笠の大模型（『少年倶楽部』19巻1号付録）
発行：大日本雄弁会講談社（設計：中村星果）
Large Model of Mikasa the Warship (Supplement of *Shonen Club*, Volume 19, Issue 1)
Dainihon Yubenkai Kodansha (Design: Nakamura Seika)
1932（昭和7）年1月
紙・印刷
43.0 × 82.0 × 20.0
弥生美術館蔵
Yayoi Museum

『少年倶楽部』の大型ペーパークラフト付録は1931（昭和6）年4月号の「大飛行艇ドックス号」（1929年に当時の世界記録である169名の乗客を乗せて飛んだ「ドルニエDO-X」がモチーフ）に始まる。加藤謙一編集長から設計を依頼されたのは社員であった中村星果。精密さと組み立てやすさの双方を追求し、切り込みにツメを差し込んで固定していく手法が生み出されるなど、現在まで続く紙工作の基本がここで誕生した。「軍艦三笠」は1932（昭和7）年新年号の付録。日露戦争で連合艦隊の旗艦を務めた当時最も有名な艦船の巨大模型は、「憧れ」を「現実」として手にすることができる喜びを少年たちに与えていった。［IY］

95*

エンパイア・ビルディング（『少年倶楽部』19巻2号付録）
発行：大日本雄弁会講談社（設計：中村星果）
Empire State Building (Supplement of *Shonen Club*, Volume 19, Issue 2)
Dainihon Yubenkai Kodansha (Design: Nakamura Seika)
1932（昭和7）年2月
紙・印刷
84.0 × 28.5 × 15.0
弥生美術館蔵
Yayoi Museum

96［p.093］

『少女倶楽部』（『少女クラブ』）
発行：大日本雄弁会講談社
Shojo Club
Dainihon Yubenkai Kodansha
1922（大正11）〜1962（昭和37）年

『少女倶楽部』11巻10号（表紙：多田北烏「読書」）
Shojo Club, Volume 11, Issue 10 (Front Cover: “Reading” by Tada Hokuu)
1933（昭和8）年10月
印刷物
22.0 × 15.0
青森県立美術館蔵
Aomori Museum of Art

97*

『少女倶楽部』18巻9号（表紙：多田北烏「朝の花園」）
Shojo Club, Volume 18, Issue 9 (Front Cover: “Morning Flower Garden” by Tada Hokuu)
1940（昭和15）年9月
印刷物
22.0 × 15.0
青森県立美術館蔵
Aomori Museum of Art

98［p.092］

『少女編物手芸』（『少女倶楽部』13巻10号付録、表紙：蕗谷虹児）
発行：大日本雄弁会講談社
Shojo Amimono Shugei (Supplement of *Shojo Club*, Volume 13, Issue 10, Front Cover: Fukiya Koji)
Dainihon Yubenkai Kodansha
1935（昭和10）年10月
印刷物

88［p.086］

慶應義塾幼稚舎

設計：谷口吉郎

Keio Gijuku Yochisha Primary School

Taniguchi Yoshiro

東京都渋谷区

1936（昭和11）年竣工、1937（昭和12）年移転完了

ー／2,160.3 m^2／4,495.5 m^2

RC造／3階

児童の健康をテーマとして環境工学的な配慮がなされた小学校建築である。設計者の谷口吉郎は明るくオープンな教室をつくるため、上階の教室の外にはひな壇のようなテラスを設けた。2階のテラスは1階の庇を兼ねており、1階の室内が暗くなることのないよう床の端部にはガラス・ブロックがはめこまれ、1階室内に光を導いている。3階のテラスはセットバックした各教室の前に芝生が植えられ、教室内への照り返しを緩和していた。さらに開放感を高めるため教室部分では柱の位置を両端壁にずらし、全開放できるサッシを採用した。またスイスのサナトリウムを理想として、当時としては先駆的なパネル・ヒーティングが全面的に導入されている。テラスは地上への避難経路を兼ねており、非常時の児童の安全への配慮となっている。当時31歳であった谷口吉郎は体育館、理科教室、工作室などに新しい考案を実現するため、教員とともに様々に構想を練った。［OR］

◆88-1資　写

外観

2009（平成21）年撮影

撮影：新良太

写真提供：慶應義塾大学アート・センター＋新良太

◆88-2資　写

教室

2009（平成21）年撮影

撮影：新良太

写真提供：慶應義塾大学アート・センター＋新良太

◆88-3資*　写

図工室

2009（平成21）年撮影

撮影：新良太

写真提供：慶應義塾大学アート・センター＋新良太

◆88-4資*　写

セットバックした教室の前のテラス

2009（平成21）年撮影

撮影：新良太

写真提供：慶應義塾大学アート・センター＋新良太

◆88-5資　写

理科教室

1936（昭和11）年頃

写真提供：慶應義塾福澤研究センター

撮影：渡辺義雄

◆88-6資*　写

体育館

1936（昭和11）年頃

写真提供：慶應義塾福澤研究センター

撮影：渡辺義雄

◆88-7　図

第一理科教室詳細図　1:50

The First Science Lab Detail Plan 1:50

1935（昭和10）年

トレーシングペーパー・鉛筆

55.5×78.5

慶應義塾大学蔵

Keio Gijuku University

体験学習を重視する新しい教育に対応するため、窓際には観測台やシンクが備え付けられている。写真では、オリジナルに設計したクローバー型の机も見ることができる。谷口吉郎は、教員たちとともに理科室、工作室、体操場の構想を練り、新しい考案を実現することができたと語っている。［OR］

◆88-8*　図

3階テレス日覆用パイプ柱・花壇及2階テレス隔壁詳細　1:20

Details of Pipe Column for Sun Shade and Flowerbed at Terrace on the Third Floor, and Bulkhead for Terrace on the Second Floor 1:20

1936（昭和11）年

トレーシングペーパー・鉛筆

54.5×79.0

慶應義塾大学蔵

Keio Gijuku University

89［p.088］

高野口尋常高等小学校（現・橋本市立高野口小学校）（国指定重要文化財）

設計：藪本芳一

Former Hashimoto Town Koyaguchi Jinjo Higher Elementary School (Hashimoto City Koyaguchi Elementary School) (National Important Cultural Property)

Yabumoto Yoshikazu

和歌山県橋本市

1937（昭和12）年

21,246.01 m^2／3,820.37 m^2／3,625.85 m^2

木造／1階／22室

1937年（昭和12年）に建設された瓦葺き木造平屋の小学校で、現在も現役の校舎として使用されている。南北98mの正面棟から60mを超える教室棟が4つ伸び、各棟の間にはそれぞれ広い中庭が存在するフィンガープラン的な大規模木造建築である。教室棟は北側片廊下の教室を一直線に配置した独特のもので、開放感のある見通しのよい廊下は延べ200mを超え、大きな空間的特徴ともなっている。木造とはいえ、基礎を含めてしっかりとした構造を持ち、建材として800柱に及ぶ太いヒノキ材が使用されている。設計は当時和歌山県庁職員であった藪本芳一が行い、施工も地元の業者が担当。建設費用も地元の有志の寄付で賄われたという。竣工から70年にわたり大きな改修なく使用され続けたことからも、構造的、機能的に高いレベルの建築であったことがうかがい知れよう。これは高野山参拝の起点として古くからにぎわい、明治以降はパイル織産業の一大生産地になった高野口という地域の力を示すものでもある。同校は2009（平成21）年から2011（平成23）年にかけて「保存修復」という観点から改修工事が施され、2014年（平成26年）には国の重要文化財に指定されている。［IY］

◆89-1資　写

校舎正面玄関

2016（平成28）年

撮影：白井亮

◆89-2資　写

長さ98mに及ぶ廊下

2016（平成28）年

撮影：白井亮

◆89-3資*　写

図書室

2011（平成23）年

写真提供：橋本市教育委員会

◆89-4資　写

校舎全景

2011（平成23）年

写真提供：橋本市教育委員会

90［p.090］

『キンダーブック』

発行：フレーベル館（14輯9～12編の発行：日本保育館）

Kinderbook

Froebel-Kan (Volume 14 Editions 9 - 12: Published by Nihon Hoikukan)

1927（昭和2）～1943（昭和18）年／1946（昭和21）年～

1927（昭和2）年にフレーベル館から刊

イルフ童画館蔵
ILF Douga Museum of Art

『コドモノクニ』は、『子供之友』や『赤い鳥』によって起こった児童雑誌ブームのなか、1922（大正11）年に創刊（1944年に休刊）。「童画」を大判・多色刷で掲載するなど、文章よりも絵に重きを置いた編集方針によって、大正モダニズムの潮流を反映した高い芸術性とデザイン性を持たせた雑誌である。「コドモノクニ」イロハガルタは画を武井武雄、文を和田古江が手がけ、発売当時大きな話題となった。［IY］

インターミッション

戦争前夜に咲いた花

86［p.082］

西脇尋常高等小学校（**現・西脇市立西脇小学校**）（**兵庫県指定景観形成重要建造物等**）
設計：内藤克雄
Former Nishiwaki Town Nishiwaki Jinjo Higher Elementary School (Nishiwaki City Nishiwaki Elementary School)
Naito Yoshio
兵庫県西脇市
1934（昭和9）～1937（昭和12）年
約35,300 m^2／約2,357 m^2／約3,750 m^2
木造／2階／27室

西脇市は江戸時代より繊維産業が盛んな地域である。明治から大正にかけて機械化が進み生産量が増大するなかで1930年代にはそのピークを迎え、播磨地域の中心地として栄えた。この時期、市内には数多くの洋風建築が建てられ、西脇尋常小学校もその一つであった。設計を手がけたのは、兵庫県内を中心に活躍した内藤克雄（1890–1973）で、同校舎は内藤の代表作としても知られる。
校舎は、木造2階建ての片廊下型の教室棟を3棟並行に配し、渡り廊下で連結させている。外観は、石綿スレート鎧張りに柱などを見せたハーフティンバー風の意匠を見事に融合させたデザインであり、また、同校舎外観部分の最大の特徴といえる南棟中央に設けられた玄関車寄部分は、マンサード屋根にはかま腰屋根を組み合わせた特色あるものとなっている。比較的洋風の強い外観に対して、内観は、柱を露出させた真壁仕上げ、竿縁天井など和風の要素が強い造りとなっており、和風と洋風が見事に融合した建築といえる。近年、校舎取り壊しの動きもあったが、市民らの反対運動により現校舎使用が決定し、2017年より保存改修工事が行われている。［IY］

◆**86-1資　写**
改修工事前の校舎外観（南棟）
2016（平成28）年頃
写真提供：足立裕司

◆**86-2資＊　写**
改修工事前の教室
2016（平成28）年頃
写真提供：足立裕司

◆**86-3資＊　写**
改修工事後、現在の校舎玄関
2018（平成30）年
写真提供：足立裕司

◆**86-4資＊　写**
1階と2階をつなぐ階段（改修工事後）
2018（平成30）年
写真提供：足立裕司

◆**86-5資　写**
改修工事後の教室
2018（平成30）年
写真提供：足立裕司

◆**86-6資　写**
小学校遠望　講堂と幼稚園が写る
1955（昭和30）年頃
写真提供：西脇市

◆**86-7資＊　写**
建設当初図面（配置図）
1933（昭和8）～1934（昭和9）年頃
写真提供：株式会社内藤設計

◆**86-8資＊　写**
建設当初図面（玄関部分立面図と詳細図）
1933（昭和8）～1934（昭和9）年頃
写真提供：株式会社内藤設計

87［p.084］

明倫尋常高等小学校（**現・萩・明倫学舎**）（**本館棟は国登録有形文化財**）
Former Meirin Jinjo Higher Elementary School (Hagi Meirin Gakusha)
山口県萩市
1935（昭和10）年
約31,279 m^2／約6,347 m^2／ー
木造／2階／44室

享保3年（1718年）に5代藩主毛利吉元が毛利家家臣の子弟教育のために開校した萩藩校明倫館をルーツに持つ小学校。毛利敬親が嘉永2年（1849年）に現在の地に新築移転した明倫館は、その広大な敷地内に学舎や槍場、撃剣場、射術場などの武芸修練場や約3,000坪の練兵場等を備えており、吉田松陰や楫取素彦（小田村伊之助）もここで教鞭を執ったという。現在も明倫館の敷地内には有備館、水練池、聖賢堂などの遺構が存在し、国指定史跡や市指定の有形文化財に登録されている。旧萩市立明倫小学校は、その明倫館跡地に1935（昭和10）年10月に開校した木造2階建ての校舎4棟が並ぶ建築物である。この明治初期の大規模木造校舎は2014（平成26）年3月まで小学校として実際に使用され、建築当時の姿をそのままとどめていたが、そうした例は全国的に見ても稀である。本館は文化庁登録有形文化財山口県第1号であり、校舎の東西両端および中央玄関の棟には藩校明倫館の聖廟と同じく鴟尾が配置され、1階壁面は簓子下見板張、2階壁面は白漆喰塗りで仕上げられており、フランス瓦葺きの屋根や窓の意匠とあわせ、優雅で高い風格のある外観を形成している。2014年に小学校が新校舎へ移転した後の2017（平成29）年からは観光施設「萩・明倫学舎」として一般向けの公開が始まった。［IY］

◆**87-1資　写**
現在の本館外観
2017（平成29）年
写真提供：萩・明倫学舎

◆**87-2資＊　写**
本館校舎
1985（昭和60年）頃
『明倫小学校百年史』（萩市立明倫小学校同窓会、1985年）より

◆**87-3資　写**
唱歌室（竣工当初）
1937（昭和12）年
写真提供：萩博物館

◆**87-4資　写**
講堂映写室（竣工当初）
1937（昭和12）年
『明倫小学校百年史』（萩市立明倫小学校同窓会、1985年）より

◆**87-5資＊　写**
養護室（竣工当初）
1937（昭和12）年
『明倫小学校百年史』（萩市立明倫小学校同窓会、1985年）より

◆**87-6資＊　写**
校庭での大運動会（竣工当初）
1937（昭和12）年
写真提供：萩市立明倫小学校

◆**87-7資　写**
1955（昭和30）年頃の学校全景
写真提供：萩市立明倫小学校

◆**87-8資＊　写**
萩明倫校校舎配置図　昭和12年1月
1937（昭和12）年
『明倫小学校百年史』（萩市立明倫小学校同窓会、1985年）より

74*

『子供之友』
発行：婦人之友社
Kodomo no Tomo
FUJIN-NO-TOMO-SHA Co., Ltd
1914（大正3）～1943（昭和18）年

婦人之友社を立ち上げた羽仁もと子、羽仁吉一が1914（大正3）年に創刊した幼年絵雑誌。子供の自立による近代的な人間形成を編集方針に掲げ、生活教育の理念を童話や童謡、歴史読物、漫画やクイズといったバラエティ豊かな内容で追求していった。近代漫画の祖である北澤楽天を「絵画主任」とし、「大正浪漫」の代表作家である竹久夢二、「童画」を創始した武井武雄、前衛美術家であった村山知義などが参加することで、高いビジュアル性も獲得されている。[IY]

『子供之友』11巻9号（表紙：村山知義）
Kodomo no Tomo, Volume 11, Issue 9 (Front Cover: Murayama Tomoyoshi)
FUJIN-NO-TOMO-SHA Co., Ltd
1924（大正13）年9月
印刷物
25.6 × 18.6
大阪府立中央図書館 国際児童文学館蔵
Center for International Children's Literature, Osaka Prefectural Central Library

75*

太郎さんの夢（『子供之友』1巻6号）原画
画：北澤楽天
Taro's Dream (*Kodomo no Tomo*, Volume 1, Issue 6) Original Painting
Kitazawa Rakuten
1914（大正3）年
紙・水彩
22.1 × 29.5
婦人之友社
FUJIN-NO-TOMO-SHA Co., Ltd

76［**p.075**］

水族館（『子供之友』2巻6号）原画
画：竹久夢二
Aquarium (*Kodomo no Tomo*, Volume 2, Issue 6)
Takehisa Yumeji
1915（大正4）年
紙・水彩、インク、墨
24.5 × 32.8
婦人之友社蔵
FUJIN-NO-TOMO-SHA Co., Ltd

77［**p.074**］

表紙（『子供之友』11巻3号）原画
画：村山知義
Front Cover (*Kodomo no Tomo*, Volume 11, Issue 3) Original Painting
Murayama Tomoyoshi
1924（大正13）年
紙・水彩、インク
27.2 × 20.4
婦人之友社蔵
FUJIN-NO-TOMO-SHA Co., Ltd

78*

裏表紙（『子供之友』11巻3号）原画
画：村山知義
Back Cover (*Kodomo no Tomo*, Volume 11, Issue 3) Original Painting
Murayama Tomoyoshi
1924（大正13）年
紙・水彩、インク
25.8 × 18.5
婦人之友社蔵
FUJIN-NO-TOMO-SHA Co., Ltd

79*

せいの順（『子供之友』13巻1号）原画
画：村山知義
Order of Height (*Kodomo no Tomo*, Volume 13, Issue 1) Original Painting
Murayama Tomoyoshi
1926（大正15）年
紙・水彩、インク
24.6 × 36.3
婦人之友社蔵
FUJIN-NO-TOMO-SHA Co., Ltd

80*

はねや（『子供之友』8巻10号）原画
画：武井武雄
Haneya (*Kodomo no Tomo*, Volume 8, Issue 10) Original Painting
Takei Takeo
1921（大正10）年
紙・水彩、インク
22.0 × 30.4
婦人之友社蔵
FUJIN-NO-TOMO-SHA Co., Ltd

81*

大時計（『子供之友』13巻4号）原画
画：武井武雄
The Big Clock (*Kodomo no Tomo*, Volume 13, Issue 4) Original Painting
Takei Takeo
1926（大正15）年
紙・水彩、インク
25.8 × 37.1
婦人之友社蔵
FUJIN-NO-TOMO-SHA Co., Ltd

82*

『コドモノクニ』
発行：東京社
Kodomo no Kuni
Tokyosha
1922（大正11）～1944（昭和19）年

『コドモノクニ』4巻6号（表紙：武井武雄「ポッポのお嬢様」）
Kodomo no Kuni, Volume 4, Issue 6 (Front Cover: Takei Takeo, "Princess Poppo")
1925（大正14）年5月
印刷物
25.5 × 19.8
大阪府立中央図書館 国際児童文学館蔵
Center for International Children's Literature, Osaka Prefectural Central Library

83*

『コドモノクニ』4巻9号（表紙：岡本帰一「わたしのポチ」）
Kodomo no Kuni, Volume 4, Issue 9 (Front Cover: Okamoto Kiichi,"My Dear Pochi"
1925（大正14）年8月
印刷物
25.5 × 19.8
青森県立美術館蔵
Aomori Museum of Art

84［**p.076**］

『コドモノクニ』5巻6号（表紙：武井武雄「ニンギャウ」）
Kodomo no Kuni, Volume 5, Issue 6 (Front Cover: Takei Takeo, "Doll")
1926（大正15）年6月
印刷物
25.5 × 19.8
青森県立美術館蔵
Aomori Museum of Art

85［**p.078**］

コドモノクニ　イロハガルタ
発行：東京社（画：武井武雄、作：和田古江）
Kodomo no Kuni Irohagaruta Cards
Tokyosha (Illustration: Takei Takeo, Author: Wada Furue)
1929（昭和4）年10月
印刷物（読み札47枚／絵札47枚）
箱：4.7 × 18.3 × 9.5／札：7.1 × 7.1

成城学園教育研究所蔵
Seijo Gakuen Education Laboratory

◆60-2　立

旧制成城高等女学校校章
制作：富本憲吉
Emblem of Seijo Women's High School
Design and Production: Tomimoto Kenkichi
1927（昭和2）年
磁器・ルリ釉
直径2.5
成城学園教育研究所蔵
Seijo Gakuen Education Laboratory

［60-2, 3］成城高等女学校の徽章は、開校と同時に陶芸家の富本憲吉（1886-1963）が制作したルリ釉のバッジが採用された。陶芸から生活空間のデザインに至るまで幅広い創作を行った富本と、その妻・一枝は、この新設の女学校のリベラルで個性尊重の教育方針に共感し、娘たちを本学に通わせた。卒業生には卒業祝いとして富本によるブローチが贈られた。一つずつ手描きの文様が施され、裏面には卒業生の氏名が記されている。［OR］

◆60-3　立

旧制成城高等女学校卒業記念ブローチ（第1回白百合、第2回紫苑、第3回芙蓉、第4回撫子、第5回皐月、第6回百合）
制作：富本憲吉
Graduation Brooches of Seijo Women's High School (1: White Lily, 2: Aster, 3: Cotton Rose, 4: Fringed Pink, 5: Dwarf Azalea, 6: Lily)
Design and Production: Tomimoto Kenkichi
1932（昭和7）～1937（昭和12）年
色絵陶磁器
直径3.7～4.3
成城学園教育研究所蔵
Seijo Gakuen Education Laboratory

61*

人形
Figures
大正時代
セルロイド
H12.0
三島市郷土資料館蔵
Mishima City Local Museum

62*

人形
Figure
大正時代
セルロイド
H11.0
三島市郷土資料館蔵
Mishima City Local Museum

63［p.071］

乳母車とうさぎの人形
Pram and Rabbit Figures
制作年不詳
セルロイド
親：10.0×3.0×2.5／子：3.8×1.8×1.7／乳母車：6.5×4.5×7.0
三島市郷土資料館蔵
Mishima City Local Museum

64*

自動車
Automobile
大正時代
ブリキ
8.5×7.5×13.0（箱：7.5×13.5×9.0）
三島市郷土資料館蔵
Mishima City Local Museum

65*

飛兎
Jumping Rabbit
大正時代
ブリキ
10.5×4.0×11.0（箱：5.0×12.0×9.7）
三島市郷土資料館蔵
Mishima City Local Museum

66［p.071］

自動ガラガラ
Automatic Baby Rattle
大正時代
ブリキ
9.0×3.6
三島市郷土資料館蔵

67*

犬の人形
Dog Figures
大正時代
木
7.4×9.2×1.0
三島市郷土資料館蔵
Mishima City Local Museum

68・69

出品資料なし

70［p.072］

『赤い鳥』
発行：赤い鳥社
Akai Tori
Akai Tori Sha
1918（大正7）～1936（昭和11）年

子どもの純粋性を育むことを目的として、1918（大正7）年に鈴木三重吉が創刊した児童雑誌。その思想は「雑誌」という枠組みを越え、「赤い鳥運動」として広く普及していく。明治末期から増えていく、都市部の中産階級層の親たちから子どもに読み聞かせるべき本として支持された『赤い鳥』は、以後の児童文学、児童音楽のあり方に大きな影響を与え、鈴木三重吉が没する1936（昭和11）年まで計196冊が発行された。［IY］

『赤い鳥』4巻5号（表紙：清水良雄「たんぽゝ」）
Akai Tori, Volume 4, Issue 5 (Front Cover: Shimizu Yoshio, "Dandelions")
1920（大正9）年5月
印刷物
21.0×14.5
ちひろ美術館蔵
Chihiro Art Museum

71*

『赤い鳥』6巻1号（表紙：清水良雄「お馬車」）
1921（大正10）年1月
Akai Tori, Volume 6, Issue 1 (Front Cover: Shimizu Yoshio, "Carriage")
印刷物
21.0×14.5
ちひろ美術館蔵
Chihiro Art Museum

72［p.073］

ユビキリ（『赤い鳥』17第4号）原画
画：清水良雄
Pinky Swear (*Akai Tori*, Volume 17, Issue 4) Original Painting
Shimizu Yoshio
1926（大正15）年
キャンバスボード・油彩、インク
22.5×15.6
ちひろ美術館蔵
Chihiro Art Museum

73*

およばれ（『赤い鳥』17巻5号）原画
画：清水良雄
Invitation (*Akai Tori*, Volume 17, Issue 5) Original Painting
Shimizu Yoshio
1926（大正15）年
板・油彩、水彩
33.0×24.0
ちひろ美術館蔵
Chihiro Art Museum

17日）と高く評価された。館内には子どもの生活や教育に関する様々な展示が並んだ。［OR］

◆54-1
皇孫御生誕記念こども博覧会ポスター
Poster of Children Expo Celebrating the Birth of Imperial Descendant
1926（大正15）年
印刷物
77.0 × 26.5
東京都江戸東京博物館蔵
Edo-Tokyo Museum

◆54-2
皇孫御生誕記念こども博覧会ポスター
Poster of Children Expo Celebrating the Birth of Imperial Descendant
1926（大正15）年
印刷物
78.2 × 26.8
東京都江戸東京博物館蔵
Edo-Tokyo Museum

◆54-3資　映
『皇孫御誕生記念こども博覧会記念写真帖』よりスライドショー
1926（大正15）年
東京都江戸東京博物館蔵
Edo-Tokyo Museum

55［p.064］

賢母必携『子寶《だから》』
編：巌谷小波、画：杉浦非水
発行：三越呉服店
Must-Have for Wise Mothers
Kodakara
Mitsukoshi Gofukuten (Edit: Iwaya Sazanami, Illustration: Sugiura Hisui)
1909（明治42）年
紙・多色石版
29.0 × 23.5 × 3.0
株式会社三越伊勢丹蔵
Isetan Mitsukoshi Ltd.

1909（明治42）年4月に三越百貨店で開催された「第1回児童博覧会」を記念し限定2000部で販売された、子どもの誕生から小学校に入学までの成長を記録するためのアルバム。画帖全体の装幀を三越の嘱託デザイナーとして活躍した杉浦非水が手がけ、三越の顧問を務めた児童文学者の巌谷小波が編集を担当した。表紙には友禅染の縮緬が用いられ、ページの随所に多色石版印刷による美麗な非水の挿絵が配されるなど、まさに贅を尽くしたアルバムであった。［IY］

56［p.066］

『オヒサマ』1巻1号（表紙：矢部季）
資生堂編集部
Ohisama, Volume 1, Issue 1
Shiseido Editorial Department
1922（大正11）年4月～1923（大正12）8月
印刷物
22.2 × 15.3
資生堂企業資料館蔵
Shiseido Corporate Museum

資生堂は、1921年に子ども服に関する展覧会と「お子様作品展覧会」を開催し成功を収めたのを機に、翌22（大正11）年4月、「子と母の雑誌」と銘打った月刊誌『オヒサマ』を創刊した。北原白秋、西条八十ら他の児童雑誌でも活躍中の執筆者を配した他、小山内薫によるロシア舞台芸術に関する記事等も掲載されるなど、ユニークな内容で構成された。同誌は、関東大震災を機に終刊となったが、子どもをターゲットにした先進的な企業文化誌であったといえる。［IY］

57［p.068］

資生堂化粧品部　子供服
Child's Wear
Shiseido Cosmetics Department
1922（大正11）～1924（大正13）年頃
衿：コットン、ドビー組織（ドビー織り）
本体：コットン、シルク、リネン
65.0 × 37.5
資生堂企業資料館蔵
Shiseido Corporate Museum

白衿に刺繍が施された上衣は、1921年から1924年まで資生堂が販売を手がけていた子ども服の一つである。その企画を手がけていたのは三越呉服店から資生堂の意匠部に招かれた三須裕であった。資生堂ギャラリーで開かれた舶来小児服展覧会（1921年）は好評を博した。1920年代初頭、子ども服は欧米でも改革期にあり、動きやすくシンプルなファッションが生まれた。［OR］

58［p.069］

東京裁縫女学校（現・東京家政大学）女児服
Girl's Wear
Tokyo Saiho Jogakkou (Tokyo Kasei University)
1919（大正8）～1922（大正11）年
木綿
42.0 × 45.0
東京家政大学博物館蔵
Tokyo Kasei University Museum

［58-59］東京裁縫女学校（現・東京家政大学）二代目校長の渡邉滋は、1900（明治33）年から米国に留学し、シカゴの裁縫学校で洋服に関する本格的な知識と技術を学んだ。帰国後は洋服裁縫科主任となり「新式洋服裁縫」の指導にあたった。本作はそうした授業の成果と考えられる。ローウエストのシルエット、別布使いによる配色に当時の流行がうかがわれる。［OR］

59［p.069］

東京裁縫女学校（現・東京家政大学）女児服
Girl's Wear
Tokyo Saiho Jogakkou (Tokyo Kasei University)
1921（大正10）～1923(大正12）年
木綿
45.5 × 40.0
東京家政大学博物館蔵
Tokyo Kasei University Museum

60［p.070］

成城学園
Seijo Gakuen
1917（大正6）年創立、1925年（大正14）年移転

1917（大正6）年、大正自由教育運動を実践する学校として、東京都牛込区（現・新宿区）の成城学校の同校内に開校された。そして関東大震災をきっかけに郊外の砧村喜多見に校地が移され、総合学園の創設を期することとなった（現在の成城学園）。創設者は元文部官僚で義務教育の6年制化に貢献した澤柳政太郎（1865-1927）。米国のパーカスト女史の創案によるダルトン・プランを採用し、児童の自学自習を学びの基本とし、学科の選択を認める指導法を行った。理科授業における観察や実験を重視し、学校劇や映画鑑賞を取り入れるなどの試みを行った。成城移転にあたり電鉄会社との交渉の結果、駅の新設、学園を中心とした都市の建設が推進された。当時は森林と草地に包まれ、狐狸すら棲息する未開の土地であったそうで、急造の5棟のバラック校舎、2教室2学級からの出発であった。開設6年目からは共学の小学校となり、卒業女児の連絡校として1927（昭和2）年には高等女学校が設置された。［OR］

◆60-1資　写
砧村移転当時に新設された成城玉川小学校
1925（大正14）年

◆51-1資* 写
現在の園舎全景
2000（平成12）年
撮影：株式会社プロテック

◆51-2資* 写
現在の廊下（旧ベランダ）
2000（平成12）年
撮影：株式会社プロテック

◆51-3資 写
現在の遊戯室
2007（平成19）年
撮影：株式会社プロテック

◆51-4資* 写
西村伊作のデザインによる木製椅子
2000（平成12）年
撮影：株式会社プロテック

◆51-5資 写
開園当時の園舎全景
1925（大正14）～1929（昭和4）年頃
写真提供：若竹の園、有限会社アルコプランニング
『若竹の園　75年の保育のあゆみ』（財団法人若竹の園、2000年）より

◆51-6資* 写
遊戯室で遊ぶ子どもたち
1925（大正14）～1929（昭和4）年頃
写真提供：若竹の園、有限会社アルコプランニング
『若竹の園　75年の保育のあゆみ』（財団法人若竹の園、2000年）より

◆51-7資* 写
食堂で食事をする子どもたち
1925（大正14）～1929（昭和4）年頃
写真提供：若竹の園、有限会社アルコプランニング
『若竹の園　75年の保育のあゆみ』（財団法人若竹の園、2000年）より

◆51-8資* 写
緑に包まれた広い庭での遊戯
1925（大正14）～1929（昭和4）年頃
写真提供：若竹の園、有限会社アルコプランニング
『若竹の園　75年の保育のあゆみ』（財団法人若竹の園、2000年）より

◆51-9資 写
開園当時の平面図
1925（大正14）～1929（昭和4）年頃
写真提供：若竹の園、有限会社アルコプランニング
『若竹の園　75年の保育のあゆみ』（財団法人若竹の園、2000年）より

52［p.050］

『建築写真類聚 文化住宅 巻1』（洪洋社）より「森荘三郎邸小児室」

Children's Room at Mori Shozaburo's Residence, *Architectural Photographs Collection, Semi-European-Style House*, Volume 1, Koyosha
1923（大正12）年
印刷物
13.5 × 19.0

1階の広間つきあたりに子ども部屋が設けられた、東京大学教授の森荘三郎の住まいが図面と写真で紹介された。2面採光によって明るく照らし出された室内に、女児のためにしつらえられた子供用の室内装飾や玩具が見られる。大正期の生活改善運動によって、椅子座を中心とする合理的な生活を追求した「文化住宅」が登場し、子ども部屋が誕生した。［OR］

53［p.051］

日比谷公園内児童遊園

Children's Playground at Hibiya Park
東京都千代田区
1903（明治36）年開設、1925（大正14）年第1次拡張
1,980 m²（1925年の第1次拡張時）

1903（明治36）年に開園した日本の洋式公園の先駆である日比谷公園は、1923（大正12）年の関東大震災の後、罹災者たちの仮住まいの場となっていた。翌年、東京市公園課に初代課長として就任した造園家・井下清が推進し、公園内には一般区域と区分した大児童遊園が公園内北西端に近い場所に拡張して設置された。これは1919（大正8）年に都市計画法が定められ、それに基づく都市計画基準により公園の種類が整理され、児童公園が区分されたことが契機となっている。そして米国のカリフォルニア大学とコロンビア大学で子どもの遊び場やネーチュアスタディ（自然学習）について学んだ末田ます（1886-1953）が公園児童指導員として迎えられた。プレイリーダーのさきがけである。末田は井下と協力し、団体指導をするための広場、水遊びの徒渉池、砂場やぶらんこの増設などを図り、児童遊園の評判は高まった。児童遊園は1940年の第4次拡張では1923年時の9倍以上まで拡張されている。日比谷公園の児童指導は1967年まで続けられた。［OR］

◆53-1資* 写
日比谷公園特設児童遊園の指導風景
1932（昭和7）年
写真提供：公益財団法人東京都公園協会

◆53-2資 写
運道器レボルビングパラレル（回転シーソー）
1932（昭和7）年
写真提供：公益財団法人東京都公園協会

◆53-3資 写
ローカバイスウィング
1932（昭和7）年
写真提供：公益財団法人東京都公園協会

◆53-4資* 写
日比谷公園平面図
1935（昭和10）年
77.5 × 100
写真提供：公益財団法人東京都公園協会

◆53-5* 立
公園児童指導で用いられていた木魚
Mokugyo (Fish-Shaped Wooden Drum) Used for Instructing Children at Playground
年代不詳
木
11.0 × 9.0 × 8.0
公益財団法人東京都公園協会蔵
Tokyo Metropolitan Park Association

◆53-6* 立
公園児童指導で用いられていた呼鈴
Bells Used for Instructing Children at Playground
年代不詳
金属
直径9.5 × 28.0
公益財団法人東京都公園協会蔵
Tokyo Metropolitan Park Association

54［p.062］

皇孫御生誕記念こども博覧会

Children Expo Celebrating the Birth of Imperial Descendant
1926（大正15）年1月13日～2月14日

大正天皇の孫である照宮成子内親王の御生誕を祝って、東京日日新聞が主催し上野の不忍池畔の日本産業協会陳列館を会場として開催された博覧会である。この会場装飾のデザインを依頼されたのが、大正時代の家具デザイナー森谷延雄と東京美術学校講師・斉藤佳三であった。館内にはくす玉や飛行機をモチーフとした装飾が施され、屋外には犬張子をあしらった塔や積木をモチーフとした門、頂上はこいのぼりがはためいていた。さらに会場までの道しるべとしてペルシャ式軍人や白いエプロンの少女の誘導人形が43体設置されていた。子どもの世界を演出したこの会場装飾は、「今度の博覧会は、装飾美といふ方面からみるも立派な一の芸術の殿堂であらう」（『サンデー毎日』5-4、大正15年1月

49 [p.057]

本町尋常高等小学校(現・横浜市立本町小学校)

設計:横浜市建築課
Former Yokohama City Honcho Jinjo Higher Elementary School
(Yokohama City Honcho Elementary School)
Yokohama City Building Division
神奈川県横浜市
1927(昭和2)年/現存せず
約11,043 m^2/約1,898 m^2/約4,306 m^2
RC造/3階/28室

横浜市では、震災前より児童生徒の増加による教室不足が問題となっていたため、震災後の小学校復興計画において校舎新設に尽力し、結果、残存校10校に加え、31校の校舎新築が実現する。建設には1922(大正11)年より本格始動していた横浜市建築課があたったが、迅速に建設を進めるため、学校計画の考え方や各室の基準面積が示されるなど設計の標準化が図られた。建築課内でコンペが行われ、本町小学校の設計は、技手補であった杉山実が担当することとなった。敷地の北側にコの字型の校舎、南側に運動場、その間に屋内体操場および中庭を設けるという配置や特別教室の設置、横浜市の復興小学校の特徴である中央スロープの設置など復興小学校の標準設計に則った校舎となっているが、校舎玄関やスロープのデザインなどに担当者の自由な発想を見ることができる。校舎は、戦後、1983(昭和58)まで使用された後、内井昭蔵設計による新校舎建設のため、56年間にわたる役目を終えた。[IY]

◆49-1資 写
校舎正面
1975〜1983(昭和50年代)頃
『「創立百周年記念誌」横浜市立本町小学校』(横浜市立本町小学校、2004年)より

◆49-2資* 写
正面玄関
1975〜1983(昭和50年代)頃
『「創立百周年記念誌」横浜市立本町小学校』(横浜市立本町小学校、2004年)より

◆49-3資 写
スロープ
1975〜1983(昭和50年代)頃
『「創立百周年記念誌」横浜市立本町小学校』(横浜市立本町小学校、2004年)より

◆49-4資* 写
雨天体操場
1975〜1983(昭和50年代)頃
『「創立百周年記念誌」横浜市立本町小学校』(横浜市立本町小学校、2004年)より

◆49-5資* 写
校舎と校庭を見下ろす
1975〜1983(昭和50年代)頃
『「創立百周年記念誌」横浜市立本町小学校』(横浜市立本町小学校、2004年)より

50 [p.058]

常盤尋常小学校(現・中央区立常盤小学校)

設計:東京市建築課学校建設掛
Former Tokiwa Jinjo Elementary School (Chuo Tokiwa Elementary School)
Tokyo Municipal Building Division School Construction Office
東京都中央区
1929(昭和4)年
4,124.03 m^2/1,583.80 m^2/約3,735.537 m^2
RC造/3階/19室

東京市でも、関東大震災後、迅速に復興校舎の建設を進めるため、構造学の専門家である佐野利器などを採用して東京市が設計を担当。標準化を行い、すべての校舎に適用した。設計の主眼は児童の健康と安全におかれ、廊下幅などを広めにとるとともに換気や採光等を配慮した天井高や窓面積が設定された。構造は鉄筋コンクリート造で、かつ水洗便所や蒸気暖房などの最新の衛生設備が整えられた。
隣接する復興公園である常盤公園とともに整備された常盤小学校も、この標準設計の下に建てられており、L字型の校舎と体育館を組み合わせ、大通りに対してコの字型に開いた平面となっている。校舎、屋内体操場ともに戦争の被害を受けなかったため、建設当初の姿をよくとどめており、柱や梁を収めた厚い外壁や整然と並ぶ半円形と矩形の窓、エントランスの半円形アーチ型開口部や校舎内部にも見られるアーチ型の梁など建物の随所に表現主義的な特徴あるデザインを見ることができる。[IY]

◆50-1資 写
校庭越しに見た校舎
2010(平成22)年
写真提供:タラオ・ヒイロ・アーキテクツ

◆50-2資* 写
エントランス周辺
2010(平成22)年
写真提供:タラオ・ヒイロ・アーキテクツ

◆50-3資* 写
エントランスへと続くアプローチ通路
2010(平成22)年
写真提供:タラオ・ヒイロ・アーキテクツ

◆50-4資* 写
廊下
2016(平成28)年
写真提供:タラオ・ヒイロ・アーキテクツ

◆50-5資 写
普通教室
2010(平成22)年
写真提供:タラオ・ヒイロ・アーキテクツ

◆50-6資* 写
音楽教室
2010(平成22)年
写真提供:タラオ・ヒイロ・アーキテクツ

◆50-7資* 写
竣工当時の校舎と中庭
1932(昭和7)年頃
写真提供:東京都立中央図書館
『東京市教育施設復興図集』(勝田書店、1932年)より

51 [p.059]

若竹の園(幼児保育南棟、事務室棟は国登録有形文化財)

設計:西村伊作
Wakatake no Sono
Nishimura Isaku
岡山県倉敷市
1925(大正14)年
約1,848 m^2/約522 m^2/ー
木造/幼稚園1階、託児部2階/2室

大正時代初期、倉敷では繊維産業の急速な発展により女性労働者が急増していたことから、同地在住の女性たちの交流の場であった婦人会「倉敷さつき会」が中心となり、大原孫三郎や倉敷紡績の援助を得て、「若竹の園」保育園を創設した。同園の創設にあたり、大原は倉敷基督教会の建築を委託し、交流のあった西村伊作へ園舎の設計を依頼、西村は園庭を重視し、森の中に小さな棟を複数配置したバンガロー様式を採用し、それぞれの棟を渡り廊下でつないだ。小さな門をくぐると、三角屋根と石張りのアーチを持つ玄関が出迎える。この玄関棟を中心に、北側に年少児用の二階建ての棟、南西側に年長児用の棟が配された。適度な傾斜が設けられた園庭の中を小川が流れ、緑の木々に彩られた中に建つ園舎は、当時人々から、森の中にたつ"おとぎの城"と呼ばれたという。また、遊戯室や教室の他、食堂、寝室が設けられたことも同園の特色の一つであり、西村の理想とした、「居心地のよい住家のような」園舎が間取りにおいても実現された。園舎は数回の増改築を経てはいるものの、当初の姿をとどめながら、現在に至っている。[IY]

なかにすぐれた思いを充たしめたい」
いう羽仁夫妻の考えをライトが見事
具現化したものといえる。また、全校
徒が集まり、皆であたたかい食事をと
ことを教育の基本とする夫妻の考え
反映し、食堂が校舎の中心部に位置し
いるのも大きな特徴である。［IY］

47-1資* 写
観
018（平成30）年
真提供：自由学園明日館
47-2資 写
央棟食堂
018（平成30）年
真提供：自由学園明日館
47-3資* 写
ランク・ロイド・ライト、遠藤新、羽仁
妻と自由学園生徒たち
922（大正11）年
真提供：自由学園
47-4資* 写
由学園 初等部（小学校）校舎 食堂
計：遠藤新
934（昭和9）年
観
015（平成27）年
真提供：自由学園
47-5* 図
央棟正面透視図
entral Wing Facade Perspective
921（大正10）年
・インク、鉛筆、色鉛筆
6.0 × 88.0
由学園蔵
yu Gakuen Myonichikan
47-6 立
堂用椅子
計：遠藤新
ining Chair
esign: Endo Arata
922（大正11）年
ワン材
8.4（SH37.3）× 33.0 × 39.7
由学園明日館蔵
yu Gakuen
47-7* 模
型 1:100
odel 1:100
クストメディア
2.0 × 85.0 × 62.0
由学園明日館寄託（電通・谷川コレク
ョン）
eposit: Jiyu Gakuen Myonichikan
entsu Tanigawa Collection)
47-8資 写
外写生を指導する山本鼎
921（大正10）年
写真提供：自由学園

◆47-9*
学生生活帖
自由学園本科2年生有志（10回生）ほか
Sketches Recording Student Life
Regular Course Second Grades
Volunteers and Others
1927（昭和2）年
紙・鉛筆、水彩
31.0 × 45.0 × 5.0
自由学園蔵
Jiyu Gakuen

羽仁夫妻は学園創立初年より、自由画提唱者として注目されていた洋画家の山本鼎を美術科主任として招聘するなど同学園の美術教育には特に力を注いだ。美術の指導者は年を追うごとに充実し、1924年には洋画家の木村荘八が参画、美術実科と美術史を担当した。「学生生活帖」は、1926（大正15）年に木村が作成を計画、学園における学生生活をテーマに1921（大正10）年～26（大正15）年に学生たちが描いたクロッキーや水彩画など110点をまとめたもので、画帖の編集も木村の手により行われた。［IY］

◆47-10資* 映
《生活即教育》
1931（昭和6）年
16mmフィルム、白黒・音声なし（18分15秒）
自由学園蔵

48［p.056］

汎愛尋常高等小学校

設計：安井武雄
建築計画者：新築委員会
Osaka City Han-ai Jinjo Higher
Elementary School
Yasui Takeo
大阪府大阪市
1926（大正15）年／現存せず
3,454.39 m²／1,608.88 m²／
7,498.68 m²
RC造／4階、地下1階／15室

商業の中心地、船場の富裕学区に建設されたコンクリート造の小学校校舎。建設された当時は「日本一豪華な小学校」と称され、国内外から大いに注目されたという。コの字型校舎には、普通教室の他、1階に図書館、体操場、2階に屋上プールや理科、唱歌教室、3階に図画教室などが配され、4階には家政女学校用教室、5階（屋上の一部）には特別保護児童教室等も設けられるなど、戦前期までに建設された鉄筋コンクリート造の小学校校舎としては最も高層な建築で、エレベーターも設置されていた。また、100人収容の閲覧室を持つ図書館や、理科、唱歌等特別教室は夕方以降、周辺地域に住み、働く人々のために開放されたという。設計は、1920年代から50年代にかけて大阪を中心に活躍し、同時期に「大阪倶楽部」「高麗橋野村ビル」等を手がけたことでも知られる安井武雄が担当した。校舎は、1942（昭和17）年に同校が廃校になると、汎愛中学校（現在の汎愛高等学校）の校舎に転用された後、1962（昭和37）に解体された。［IY］

◆48-1資* 写
校舎外観
1926（大正15）年
写真提供：株式会社安井建築設計事務所
◆48-2資 写
南西側鳥瞰図
1926（大正15）年
写真提供：株式会社安井建築設計事務所
『大阪市汎愛尋常高等小学校新築記念』より（飯田健一所蔵）
◆48-3資* 写
図画教室
1926（大正15）年
写真提供：株式会社安井建築設計事務所
『大阪市汎愛尋常高等小学校新築記念』より（飯田健一所蔵）
◆48-4資* 写
児童食堂
1926（大正15）年
写真提供：株式会社安井建築設計事務所
『大阪市汎愛尋常高等小学校新築記念』より（飯田健一所蔵）
◆48-5資 写
屋上プール
1926（大正15）年
写真提供：株式会社安井建築設計事務所
『大阪市汎愛尋常高等小学校新築記念』より（飯田健一所蔵）
◆48-6資* 写
梁木運動場（屋上プール閉鎖時）
1926（大正15）年
写真提供：株式会社安井建築設計事務所
『小学校の理想設備』より（飯田健一所蔵）
◆48-7資* 写
屋上運動場
1926（大正15）年
写真提供：株式会社安井建築設計事務所
『大阪市汎愛尋常高等小学校新築記念』より（飯田健一所蔵）

大橋図書館は、江戸期の版本・写本や洋書、内外の雑誌、児童書、学習参考書など3万6千冊を超える図書を揃え、勤労者のために夜間開館も行うなど積極的に社会教育の推進を図った。当初、児童室は設けられていなかったものの、児童書の蔵書は充実しており、1910（明治43）年には日本初の特殊目録と言われる『少年図書目録』が刊行されている。いったん関東大震災で建物と蔵書は焼失するが、場所を九段南に移して1926（大正15）年、鉄筋地上3階建ての本館と5階建ての書庫を持つ新館として再オープン。児童室も設けられ、さらに幼稚園等への貸出文庫事業や児童室のPR誌発行など、児童図書館的な活動を行った先駆的存在の施設でもあった。[IY]

◆43-1資　写
開館当時の図書館全景
1902（明治35）年頃
写真提供：三康図書館
『財団法人大橋図書館第一年報』（1903年11月）より

◆43-2資　写
雑誌閲覧室　大人に交じって少年たちの姿が見られる
明治時代末頃
写真提供：三康図書館
『財団法人大橋図書館第九年報』（1911年10月）より

44［p.047］

『少年世界』第壹巻第壹號

発行：博文館
Shonen Sekai, Volume 1, First Edition
Hakubunkan
1895（明治28）年1月
雑誌
22.8×15.3
青森県近代文学館蔵
The Museum of Modern Literature Aomori

45［p.050］

東京市立日比谷図書館

設計：三橋四郎
The Tokyo Municipal Hibiya Public Library
Mitsuhashi Shiro
東京都千代田区
1908（明治41）年／現存せず
ー／ー／約2,000 m^2
木造／2階／ー

東京市第一号の図書館として1908（明治41）年11月に設立され、長らく東京市（現東京都）の公立図書館の中心的役割を担った施設。設計は三橋四郎で、当時流行していたアールヌーボー様式が取り入れられた洋風建築である。当時、市民向けの「通俗図書館」の設立機運が高まりを見せており、それを受けて400人が利用可能で、児童閲覧室や婦人閲覧室まで備えた大規模図書館として開館した。その背景には1904（明治37）年に市会議員坪谷善四郎らによって「通俗図書館に関する建議」が市会に提出され、全会一致で可決された経緯があるが、その建議の冒頭に「図書館は普通教育機関として尋常高等の各小学校と並び立ち児童をして任意に自ら学ばしむる所」と明記されていたことは注目に値しよう。
開館後、児童閲覧室は活況を呈し、新聞、児童雑誌等でも紹介されたため、東京のみならず地方の読書好きの子どもたちにとっても憧れの場所となっていた。閲覧サービス以外にも、児童講演会や、「児童読物展覧会」といった様々な催し物が開催されるなど、充実した児童サービスが行われていた。[IY]

◆45-1資　写
正面外観
写真提供：東京都立中央図書館特別文庫室

◆45-2資　写
児童室
大正時代
写真提供：東京都立中央図書館
『市立図書館と其事業』2号（東京市立日比谷図書館、1921年11月）より

◆45-3資＊　写
1921（大正10）年6月に開催された児童読物展覧会
1921（大正10）年
写真提供：東京都立中央図書館
『市立図書館と其事業』1号（東京市立日比谷図書館、1921年10月）より

◆45-4資＊　写
創立当時の1階平面図
写真提供：東京都立中央図書館
『市立図書館と其事業』4号（東京市立日比谷図書館、1922年1月）より

46［p.048］

『日本一ノ画噺』

著：巌谷小波、画：小林鐘吉、岡野栄、杉浦非水
発行：中西屋書店
Nihon Ichi no Ebanashi (The Best Japanese Fairy Tales)
Nakanishiya Bookstore
1911（明治44）～1915（大正4）年
絵本
各13.0×7.7×1.4
公文教育研究会蔵
Kumon Institute of Education

1911（明治44）～15（大正4）年にかけて中西屋書店から全35冊が刊行された豆絵本。日本児童文学の開拓者である巌谷小波が七五調で文章を手がけ、日本におけるグラフィックデザインの先駆者である杉浦非水が挿絵や装幀を手がけている。非水の他、岡野栄や小林鍾吉も挿絵を提供しており、シンプルで洗練されたデザインのビジュアルブックとなっている。「ウラシマ」や「カチカチヤマ」といった昔話から、加藤清正などの偉人もの、身近な題材である「ゾウのアソビ」などテーマも幅広い。[IY]

第2章
子どもの世界の発見　大正時代

47［p.054］

自由学園明日館（旧・自由学園校舎）（国指定重要文化財）

設計：フランク・ロイド・ライト、遠藤新
Jiyu Gakuen Myonichikan [Original Building Complex of Jiyu Gakuen] (National Important Cultural Property)
F. L. Wright, Endo Arata
東京都豊島区
1922（大正11）～1927（昭和2）年
3,795.1 m^2／中央棟639.6 m^2、東教室棟約179 m^2、西教室棟178.9 m^2、講堂403.3 m^2／ー
木造／中央棟一部2階、東教室棟1階、西教室棟1階、講堂一部2階／9室

自由学園明日館は、羽仁吉一・もと子夫妻により1921（大正10）年に女学校として創立された同学園の創立時の校舎である。同学園は、生徒数の増加に伴い1934（昭和9）年に東京都東久留米市に移転したが、この建物は羽仁夫妻により「明日館」と名付けられ、以後、卒業生の活動の場として、第二次大戦中の戦火も免れ、大切に使用されてきた。
当時、帝国ホテルの建設で多忙を極めていたライトは、1921（大正10）年1月下旬に土地を確認して遠藤とともに設計を開始し、3月には工事に着手するという驚くべき速さで建設を進めていったが、同年4月15日の開校式の段階では教室一つも出来上がっていなかったという。木造漆喰塗りで、中央棟を中心に東西の教室棟を左右対称に配し、高さを抑えたシンプルな佇まいは「簡素な外形

Children's Play: Mawari Douro
Yamamoto Shoun
1906（明治39）年
大判錦絵
25.0 × 36.7
公文教育研究会蔵
Kumon Institute of Education

38［p.042］

第五回内国勧業博覧会
The Fifth National Industrial Exhibition
1903（明治36）年

政府の殖産興業政策の一環として、1877（明治10）年から計5回にわたって開催された内国勧業博覧会には、様々な新しい産業技術と美術工芸品が出品された。それればかりではなく、新しい産業技術が一種の娯楽として紹介されることもあり会場内には子ども向けの遊園地が設けられた。そして博覧会に仮設された虚構の世界は、各地の遊園地に機械遊具が設置されるきっかけとなった。第五回内国勧業博覧会は、外国のパビリオンも出展し規模と内容ともに最も充実していた。そこでは8人乗りの小艇が池に向けて滑り落ちていくウオーターシュートやメリーゴーランドが初お目見えし、子どもたちの人気をさらった。会場跡地は現在、天王寺公園となっている。［OR］

38［p.042］

第五回内国勧業博覧会　案内
発行：来田甚太郎
Guide of The Fifth National Industrial Exhibition
Publisher: Kita Jintaro
1903（明治36）年4月5日
印刷物
39.7 × 54.7
東京都江戸東京博物館蔵
Edo-Tokyo Museum

39［p.042］

第五回内国勧業博覧会　ウオーーターシュートちらし（博覧会余興舩すべり）
発行：広田米七
Pamphlet for the Water Shoot Slide at The Fifth National Industrial Exhibition (Exhibition Entertainment, Boat Slide)
Publisher: Hirota Yoneshichi
1903（明治36）年
印刷物
27.1 × 39.6
東京都江戸東京博物館蔵
Edo-Tokyo Museum

40［p.043］

『風俗画報臨時増刊号　上』より「第五回内国勧業博覧会　快回機」
発行：東陽堂
Fuzoku Gaho (Manners and Customs in Pictures), Extra Edition, 1st Volume "The Fifth National Industrial Exhibition, a Merry-go-round"
Publisher: Toyodo
1903（明治36）年6月10日
雑誌
26.0 × 18.7
東京都江戸東京博物館蔵
Edo-Tokyo Museum

第五回内国勧業博覧会には、日本で初めてとされるメリーゴーランドが出品された。神戸のワインベルギル商会が出品したドイツ製で、4頭の木馬が引く馬車を先頭に、40頭の木馬が連なっていた。5分間で料金は5銭であった。規模･内容ともに充実した本博覧会には、世界旅行を見せるジオラマ館「世界一周館」などのアトラクションも設けられた。［OR］

41［p.044］

こども博覧会
Children Expo
1906（明治39）年11月（京都）
376,256 m^2 ／ 54,469.8 m^2 ／ ー

国内の近代化が進み一連の内国勧業博覧会が終息した明治末期、新たに出版社や百貨店が個別のテーマを掲げた博覧会を開催するようになった。1906（明治39）年5月には東京･上野で、初めての子ども博覧会が出版社の同文館の主催により開催され、同年11月には京都市岡崎町博覧会館でも京都教育会主催で同名の博覧会が開催された。会場には、図書、衣服調度、食品、玩具、児童絵画および児童文学といった子どもの衣食住に関するあらゆる推奨品が展示された。家庭教育や娯楽も含めた子どもの生活全般が、世間の関心を集めるようになったのである。同会場内に三越呉服店や白木屋呉服店が出品しており、大正時代の「三越児童博覧会」開催へとつながっていく。［OR］

41*

『日本の家庭　臨時増刊号』（3巻4号）より「こども博覧会第四部展示室」（複製）
発行：同文館
Nihon no Katei (The Japanese Family), Extra Edition, 3rd Volume, 4th Issue "Children Expo, 4th Exhibition Room" (Reproduction)
Publisher: Dobunkan
1906（明治39）5月
写真
東京大学大学院法学政治学研究科附属近代日本法政史料センター　明治新聞雑誌文庫
University of Tokyo Graduate Schools for Law and Politics / Faculty of Law Center for Modern Japanese Legal and Political Documents [Meiji Shinbun Zasshi Bunko]

42［p.044］

絵葉書　こども博覧会（9枚組）
Pictrure Postcard
Children Expo (9 Cards for One set)
1906（明治39）年10月
印刷物
各15 × 9
東京都江戸東京博物館蔵
Edo-Tokyo Museum

43［p.046］

大橋図書館
設計：久留正道
Ohashi Library
Kuru Masamichi
東京都千代田区
1902（明治35）年／現存せず
ー／1,122 m^2 ／ー
木造（本館）、煉瓦造（書庫）／2階（本館）、3階（書庫）／ー

『日本之少年』や『少年世界』など児童向け雑誌の出版を行っていた博文館の創設者である大橋佐平・新太郎親子が1902（明治35）年、千代田区麴町の自宅の一角に設立した公共図書館。きっかけは視察で訪れた欧米諸国の各都市に設置されていた公共図書館が市民教育の大きな拠点となっていたことに大橋佐平が大きな感銘を受けたことによる。設計は、文部省営繕の建築技師であった久留正道が担当。久留は、同じく文部省営繕の建築技師として多くの学校建築を手がけた山口半六とともに明治期の学校建築に深く携わり、『学校建築図説明及設計大要』（1895〔明治28〕年）を著したことでも知られる。

24［p.040］

木製五彩球
マリア・モンテッソーリ考案
Montessori Learning Material: Five Colored Wooden Balls
大正時代以降
木
箱：33.7 × 33.5 × 3.4／球：直径2.0
お茶の水女子大学蔵
Ochanomizu University

［24-26］イタリアの医師・教育者のマリア・モンテッソーリ（1870-1952）が感覚訓練のために考案した教材。例えば長段は長さの識別に用いられ、棒さしは、さす場所によって様々な形をつくることができる。モンテッソーリは、ひとには生まれながらにして自らを成長させる力が備わっており、その内在する力を発揮できる環境が必要と考えた。［OR］

25［p.040］

棒さし
マリア・モンテッソーリ考案
Montessori Learning Material: Peg Board
大正時代以降
木
箱：33.3 × 33.4 × 4.0／台板：29.6 × 30.0 × 1.4／竹串：4.9 × 直径0.2
お茶の水女子大学蔵
Ochanomizu University

26［p.041］

長段
マリア・モンテッソーリ考案
Montessori Learning Material: Counting Rods
大正時代以降
木
四角柱　2.9 × 2.9 × 長さ10種 ①91.0, ②81.8　③72.7, ④63.6, ⑤54.5, ⑥45.4, ⑦36.3, ⑧27.3, ⑨18.2, ⑩9.2
お茶の水女子大学蔵
Ochanomizu University

27*

小学入門　色図
二代歌川国貞
Elementary Color Chart
Utagawa Kunisada II
1874（明治7）年
大判錦絵
36.8 × 24.2
公文教育研究会蔵
Kumon Institute of Education

28*

幼稚園用切紙　第七号
歌川国鶴
Cutting Paper for Kindergarten, Seven
Utagawa Kunitsuru
1891（明治24）年
大判錦絵
36.8 × 24.2
公文教育研究会蔵
Kumon Institute of Education

29［p.035］

訓童小学校教導之図
肉亭夏良
Education at Kundo Elementary School
Nikutei Karyo (Kobayashi Kiyochika)
1874（明治7）年
大判錦絵三枚続
35.5 × 71.3
公文教育研究会蔵
Kumon Institute of Education

30［p.036］

学校体操運動図
歌川国利
School Gymnastic Exercise
Utagawa Kunitoshi
1886（明治19）年
大判錦絵三枚続
36.0 × 72.6
玉川大学教育博物館蔵
Tamagawa University Museum of Education

31［p.036］

学校体操運動図
歌川国利
School Gymnastic Exercise
Utagawa Kunitoshi
1886（明治19）年
大判錦絵三枚続
36.0 × 72.6
公文教育研究会蔵
Kumon Institute of Education

32*

学校授業の図
歌川房種
School Classroom
Utagawa Fusatane
明治時代
大判錦絵
36.0 × 24.2
公文教育研究会蔵
Kumon Institute of Education

33［p.034］

幼学べんきょうづくし
四代歌川国政
Elementary Study
Utagawa Kunimasa IV
明治時代
大判錦絵
37.0 × 25.0
公文教育研究会蔵
Kumon Institute of Education

34*

小供風俗　ぞうりはきかえ
宮川春汀
Children's Custom: Changing Zori
Miyagawa Shuntei
1897（明治30）年
大判錦絵
35.1 × 24.1
公文教育研究会蔵
Kumon Institute of Education

35*

小供風俗　動物園
宮川春汀
Children's Custom: Zoo
Miyagawa Shuntei
1897（明治30）年
大判錦絵
35.1 × 24.2
公文教育研究会蔵
Kumon Institute of Education

36*

こども遊　唱歌
宮川春汀
Children's Play: Singing Songs
Miyagawa Shuntei
1898（明治31）年発行
大判錦絵
25.0 × 37.4
公文教育研究会蔵
Kumon Institute of Education

宮川春汀は、挿絵・風俗画家で、明治2
～30年代を中心に子どもの風俗や美
画等を描いて活躍した。「こども遊」は
全12枚揃の作品で、1896（明治29）
ら翌年にかけて制作、刊行された。唱
は、1881（明治14）年に文部省音楽取
掛より『小学唱歌集』が、1887（明治20
年には『幼稚園唱歌集』が発行された
を機に、明治30年代には子どもたち
間に広く浸透していった。［IY］

37*

子供遊び　まわりどうろ
山本昇雲

本園舎は、当時の主席保姆であった伏見卯らが作成した原案をもとに、大阪府技手の中村竹松が設計した。中村は、1896明治29) 年竣工の愛日小学校、1899明治32) 年竣工の中大江小学校、堂島小学校など大阪府内の小学校の設計にも携わっており、そのいずれもが「御殿風」といわれる和風意匠の傾向が強い建築となっている。[IY]

13-1資　写
園舎
980(昭和55)年頃
愛珠幼稚園百年史』(大阪市立愛珠幼稚園百周年記念事業委員会、1980年)より

13-2資　写
廊下からみた遊戯室
980(昭和55)年頃
愛珠幼稚園百年史』(大阪市立愛珠幼稚園百周年記念事業委員会、1980年)より

13-3資* 写
家庭室
980(昭和55)年頃
愛珠幼稚園百年史』(大阪市立愛珠幼稚園百周年記念事業委員会、1980年)より

13-4資* 写
落成当日の園舎
901(明治34)年
愛珠幼稚園百年史』(大阪市立愛珠幼稚園百周年記念事業委員会、1980年)より

13-5資　写
家庭室で食事の作法
明治時代末～大正時代初頭頃
愛珠幼稚園百年史』(大阪市立愛珠幼稚園百周年記念事業委員会、1980年)より

13-6資　写
遊戯室で遊ぶ子どもたち
907(明治40)年頃
愛珠幼稚園百年史』(大阪市立愛珠幼稚園百周年記念事業委員会、1980年)より

4［p.038］

第一恩物　六球法
フリードリヒ・フレーベル考案
roebel Gift One: Yarn Balls
大正～昭和時代初期
木、毛糸
箱：31.5×7.9×6.5／枠棒：29.4／枠板：29.4／球直径：4.5～5.0
お茶の水女子大学蔵
Ochanomizu University

14-23］恩物は「神からの賜物」を意味するガーベ(独:Gabe)の訳語であり、幼稚園を創始したドイツの教育者フリードリヒ・フレーベル(1782-1852)が積木を教育玩具として理論化したものである。子どもが楽しみながら創造的な表現活動を展開できるように考案されている。東京女子師範学校附属幼稚園の近代的な幼児教育にいち早く導入された。[OR]

15［p.039］

第二恩物　三体法
フリードリヒ・フレーベル考案
Froebel Gift Two: Sphere, Cylinder and Cube
大正～昭和時代初期
木
箱：7.7×24.7×6.7／球体：径4.5／円柱：径4.4, 高さ4.5／立方体2点：4.5×4.5×4.5／枠棒3本：支柱2本23.0, 上22.8
お茶の水女子大学蔵
Ochanomizu University

16*

第三恩物　積木
フリードリヒ・フレーベル考案
Froebel Gift Three: The Divided Cube
大正～昭和時代初期
木
箱：7.5×7.5×7.0／積木：2.9×2.9×2.9
お茶の水女子大学蔵
Ochanomizu University

17*

第四恩物　積木
フリードリヒ・フレーベル考案
Froebel Gift Four: Rectangular Prisms
大正～昭和時代初期
木
箱：7.5×7.5×7.0／直方体：6.0×2.9×1.5
お茶の水女子大学蔵
Ochanomizu University

18*

第五恩物　積木
フリードリヒ・フレーベル考案
Froebel Gift Five: Cubes & Triangular Prisms
大正～昭和時代初期
木
箱：10.7×10.7×10.7／積木：立方体：2.9×2.9×2.9／2分の1三角柱：2.8×2.8×4.0×高さ2.9／4分の1三角柱：2.1×2.1×3.0×高さ2.9
お茶の水女子大学蔵
Ochanomizu University

19*

第六恩物　積木
フリードリヒ・フレーベル考案
Froebel Gift Six: Classic Building Blocks
大正～昭和時代初期
木
箱：11.5×11.5×11.5／積木：直方体：3.0×1.5×6.1／直方体：1.5×1.5×6.1／直方体：3.0×1.6×3.0
お茶の水女子大学蔵
Ochanomizu University

20［p.039］

第七恩物　置板法
フリードリヒ・フレーベル考案
Froebel Gift Seven: Parquetry Tablets
明治～大正時代
木、紙
箱：24.3×18.5×2.7
お茶の水女子大学蔵
Ochanomizu University

21*

第八恩物　連板
フリードリヒ・フレーベル考案
Froebel Gift Eight: Connecting Sticks
大正～昭和時代初期
木
箱：4.0×13.5×2.2／板：11.5×1.1×0.1
お茶の水女子大学蔵
Ochanomizu University

22*

第九恩物　組板
フリードリヒ・フレーベル考案
Froebel Gift Nine: Combining Sticks
大正～昭和時代初期
木
箱：4.0×25.9×2.0／板：0.7×24.3
お茶の水女子大学蔵
Ochanomizu University

23*

第十恩物　箸
フリードリヒ・フレーベル考案
Froebel Gift Ten: Chopsticks
大正～昭和時代初期
木
箱：17.5×9.0×2.0／木箸：3.0角、赤15.2、緑12.1、黄9.2、紫6.1、青3.0、橙1.5
お茶の水女子大学蔵
Ochanomizu University

伝わっている。スライド映写機やプロジェクターの「祖先」であり、現在人気を集めるプロジェクション・マッピングの原点とも言え、当時もその新しい視覚性が多くの人々を惹きつけ、各種興業で盛んに上映されていた。[IY]

7［p.033］

種板
Slide
明治時代
ガラス絵
各6.0×6.0
玉川大学教育博物館蔵
Tamagawa University Museum of Education

8［p.037］

教育運動機広告
松坂書籍店
Advertisement for Educational Exercise Tools
Matsuzaka Bookstore
明治時代
洋紙・印刷
39.4×54.8
玉川大学教育博物館蔵
Tamagawa University Museum of Education

9［p.037］

啞鈴《あれい》
Dumbbells
明治時代
木
5.5×21.5×5.5／5.5×22.5×5.5
玉川大学教育博物館蔵
Tamagawa University Museum of Education

［9-11］明治時代の学校体操に導入された軽体操で用いられた。啞鈴は球と球を打ち合わせ、その音のリズムに乗って体操する。また棍棒は頭部を握って回旋させることで筋力の増強を図った。1878（明治11）年体操伝習所が設立され、米国から招聘された医師・教育者のジョージ・アダムス・リーランドが西洋の科学的な体育教育の普及に努めた。[OR]

10*

球竿《きゅうかん》
Wands
明治時代
木
各6.0×121.5×6.0
玉川大学教育博物館蔵
Tamagawa University Museum of Education

11*

棍棒《こんぼう》
Clubs
明治時代
木
36.0×6.0×6.0
玉川大学教育博物館蔵
Tamagawa University Museum of Education

12［p.028］

東京女子師範学校附属幼稚園（現・お茶の水女子大学附属幼稚園）
Former Kindergarten Attached to Tokyo Women's Normal School (Ochanomizu University Kindergarten)
東京都文京区
1876（明治9）年（11月16日に開園）
ー／742.5 m^2／ー
木造／1階／4室

日本で最初の幼稚園である。明治の啓蒙思想家として知られる中村正直（敬宇）らが設立に尽力した。最初の園舎は、1876（明治9）年、現在の御茶ノ水駅近くに所在していた東京女子師範学校の一隅に竣工した。花壇と藤棚のある前庭のアプローチの先に、陸屋根を持った左右対称で平屋建ての洋館の園舎である。玄関は西側に設けられているが、正面ファサードはテラスになっており、園舎から直接園庭に下りられるようになっているようだ。設立当初からフレーベル主義保育法が取り入れられ、ドイツ人女性松野クララが主席保姆として就任した。保育室（当時は開誘室）は3間×4間（5.5×7.2メートル）あり、ここで子どもたちは保母から説話の読み聞かせを受け、フレーベル恩物の積木で遊んだ。東端には遊戯室（当時は遊嬉室）があり、唱歌、遊戯、体操が行われた。最初の園舎は1884（明治17）年まで使われ、現在の大塚の校舎は1931年（昭和6）年に建てられた4代目である。[OR]

◆12-1資　写
開園当時の園舎
1876（明治9）年
写真提供：お茶の水女子大学附属幼稚園

◆12-2資　写
屋外保育風景
1912（明治45）年頃
写真提供：お茶の水女子大学附属幼稚園

◆12-3　図
東京女子師範学校附属幼稚園　絵地図　創設の設計図（同園監事 小西信八氏より
Pictorial Map of Kindergarten Attached to Tokyo Women's Norma School
Drawing at Foundation
Courtesy: Konishi Nobuhachi
明治時代
巻子
28.0×82.0
お茶の水女子大学附属幼稚園蔵
Ochanomizu University Kindergarte

◆12-4　立
お茶の水女子大学附属幼稚園　園児椅子
Ochanomizu University Kindergarter Chair for Kindergartner
制作年不詳（1933〔昭和8〕年以降）
木
53.5（SH28）×34.0×27.5
写真提供：お茶の水女子大学附属幼稚
Ochanomizu University Kindergarte

◆12-5資*　写
現園舎・遊戯室前のテラスにて子どもたちと遊ぶ倉橋惣三（卒業記念写真帖『みかきあいて』、1937年より）
1937（昭和12）年頃
お茶の水女子大学附属幼稚園蔵

13［p.030］

愛珠幼稚園（現・大阪市立愛珠幼稚園（国指定重要文化財）
設計：中村竹松
Aishu Kindergarten, Osaka (National Important Cultural Property)
Nakamura Takematsu
大阪府大阪市
1901（明治34）年
1,831.4 m^2／941.3 m^2／ー
木造、桟瓦葺／1階／6室

現在使用されている園舎は、3代目であり、現存する日本最古の幼稚園園舎である。竣工後100年以上が経過しているが、戦火や災害等を免れたため、当時の状態が概ね保たれている。遊戯室棟，玄関棟，西保育室棟，北保育室棟，便所棟東棟からなる。敷地の周囲は高塀で囲まれており、南正面に塀重門が位置するその内側にある入母屋大屋根の玄関棟には、正面に車寄せを持つ玄関、事務室応接室（現・園長室）が配され、その北側奥に三方を廊下で囲まれた広さ200m あまりの天井の高い遊戯室、さらにその奥に長い廊下が延び、園庭を挟んで保育棟などが設けられている。保育室は廊下に面して窓、欄間ともにガラス窓が用いられており、採光・換気等に配慮されていたことがうかがえよう。

建物は本館、教室棟ともに2階建てで、中廊下を通し両側に室を配している。教室棟のみならず本館にも教員控所等の管理部門を片側に寄せ、教場が収められた。教場は、すべての室が3間×4間（約40 m²）で統一されていた。こうした平面配置には、多くの生徒を受け入れ、かつ分け隔てのない空間において教育を提供しようという同校の思想がよく表れている。
同校は、1961（昭和36）年に重要文化財の指定を受けた後、1963（昭和38）年3月、約90年間にわたる校舎としての役割を終え、現在地へ移築、1965（昭和40）年より教育博物館として公開されている。[IY]

2-1資　写
校舎外観
2016（平成28）年
写真提供：旧開智学校校舎

2-2資　写
八角塔屋と車寄
2016（平成28）年
写真提供：旧開智学校校舎

2-3資*　写
塔屋内部 時報の鐘
2016（平成28）年
写真提供：旧開智学校校舎

2-4資　写
2階廊下照明
2016（平成28）年
写真提供：旧開智学校校舎

2-5資*　写
竣工当時全体図
1876（明治9）年頃
写真提供：旧開智学校校舎

2-6資　写
講堂が音楽室となっていた頃
昭和30年代
写真提供：旧開智学校校舎

2-7資*　写
教室（『開智部卒業記念写真帳 昭和8年3月』より）
1933(昭和8)年
写真提供：松本市立博物館

2-8　図*
旧開智学校　平面図
Kaichi School Floor Plan
1876（明治9）年頃
和紙・墨
43.7 × 23.5
旧開智学校校舎蔵
Kaichi School

2-9*　模
模型 1:100
Model
昭和時代
ミクストメディア
28.0 × 70.0 × 115.0
旧開智学校校舎蔵

3［p.027］

岩科学校（国指定重要文化財）
設計：菊地丑太郎、高木久五郎
Iwashina School (National Important Cultural Property)
Kikuchi Ushitaro, Takagi Kyugoro
静岡県賀茂郡松崎町
1880（明治13）年
ー／436.2 m²／ー
木造、桟瓦葺、背面下屋付／両翼1階、2階／7室

伊豆地区最古の小学校校舎である旧岩科学校校舎は、明治初期に建てられた学校の中でも最も和風色の強い校舎として知られる。当初は、全体的に洋風の意匠として設計されたが、外部下見板張を漆喰大壁や腰海鼠壁へ、昇降口上2階の四角窓を障子戸引き違いへ、等の設計変更がなされ、最終的には和風意匠の強い建物となったが、アーチ窓や2階バルコニー等随所に当初の洋風の意匠が残されている。建物内部も、漆喰真壁、棹縁天井、畳敷き等和風の要素が多く取り入れられており、なかでも、西側に位置する客室「鶴の間」は、床の間、違棚を備えた和風座敷としてしつらえられ、同室の鴨居壁面には地元の名工、入江長八が漆喰で描いた見事な千羽鶴の鏝絵が残されている。
同校の建設に先立ち、当時の戸長佐藤源吉は、村内の工匠菊地丑太郎、高木久五郎を沼津、三島、函南方面へ校舎視察に派遣し設計にあたらせた。逼迫した財政の中での学校建築は困難を極めたが、各戸からの寄付や多大な労力奉仕等、地元村民の教育に対する強い思いと支援によって校舎完成に至った。[IY]

◆3-1資　写
正面外観
2018（平成30）年
写真提供：松崎町教育委員会

◆3-2資*　写
正面玄関とバルコニー
2018（平成30）年
写真提供：松崎町教育委員会

◆3-3資　写
客室「鶴の間」
1993（平成5）年頃
写真提供：松崎町教育委員会

◆3-4資*　写
教室
1993（平成5）年頃
写真提供：松崎町教育委員会

◆3-5資*　写
学校落成式を伝える「函右日報」写真
1880（明治13）年9月
『国指定重要文化財 旧岩科学校解説図録』（松崎町教育委員会、2018年）より

4［p.026］

博物図 第二
撰：小野職愨、画：長谷川竹葉
Chart of Plants 2
Selection: Ono Motoyoshi, Paint: Hasegawa Chikuyo
1873（明治6）年
紙・銅版、木版多色刷
81.0 × 58.0
旧開智学校校舎蔵
Kaichi School

「博物図」は植物をモチーフにした5図と動物をモチーフにした5図のあわせて10図からなる理科教材用の掛図。アメリカのM.ウイルソン＆N.A.カルキンズが手がけた「School and Family Charts」を参考に文部省が明治6年に刊行したもので、撰者は小野職愨、作画は長谷川竹葉が担当している。銅版の技法で輪郭線をとり、木版の技法で着彩された、繊細で美しい大判教材であった。第2図には国産の果実44種、ウリ科15種が巧みなレイアウトのもとに描かれている。[IY]

5*

博物図 第四
撰：小野職愨、画：長谷川竹葉
Chart of Plants 4
Selection: Ono Motoyoshi, Paint: Hasegawa Chikuyo
1873（明治6）年
紙・銅版、木版多色刷
81.0 × 58.0
旧開智学校校舎蔵
Kaichi School

6［p.032］

幻灯機
Magic Lantern
明治時代
ブリキ、真鍮、ガラス
30.0 × 21.5 × 36.2
玉川大学教育博物館蔵
Tamagawa University Museum of Education

光源とレンズを用いて画像を壁やスクリーンに拡大投影する装置。「マジック・ランタン」とも称される。17世紀半ばにヨーロッパで普及し、日本へは18世紀に

■凡例
出品資料番号［カタログ掲載頁］種別
作品資料名
設計者、建築計画者、作者など
Title
Architect / Artist
所在地
竣工年、制作年
現存・非現存の別（現存しない場合のみ「現存せず」と記載）
敷地面積／建築面積／延床面積
構造／階数／計画教室（普通教室）数あるいは保育室数
技法・素材
制作年・撮影年
サイズ（cm）
撮影者、制作・協力者など
提供先、所蔵先
Collection

- 構造は以下の略称で示した。
  鉄骨造：S造｜鉄筋コンクリート造：RC造｜鉄筋鉄骨コンクリート造：SRC造
- サイズは高さ×幅、あるいは高さ×幅×奥行で示した。
- 写真は技法を明記したもの以外は、オリジナルのネガかポジより新たにデータかプリントを起こした。
- 出品資料番号に＊を付した資料は本書に掲載されていないが展覧会に出品されている作品である。
- 資料の素材の種別は以下の略称で記した。
  写真：写｜図面（青焼・ドローイングを含む）：図｜模型：模｜立体資料：立｜映像：映
- 作品解説の文末には執筆担当者のイニシャルを記した。［IY］板倉容子（青森県立美術館）、［NS］長澤悟、［OR］大村理恵子（パナソニック 汐留ミュージアム）。
  なお106-10については太田浩史氏に、138-8～10については富田玲子氏に特別寄稿いただいた。

第1章 子どもの場の夜明け　明治時代

1［p.023］

上京二十八区小学校
Bangumi Elementary School: Kamigyo 28 Elementary School

1872（明治5）年の学制発布前の1869（明治2）年、全国に先駆けて京都で64の小学校が誕生した。5月21日に開校した日本初の小学校、上京二十七番組小学校（明治5年より上京三十区小学校、後の柳池小学校）をはじめとするこれらの小学校は、近世を起源とする「番組」と呼ばれた町組を学区としたため、「番組小学校」と呼ばれる。番組小学校の運営には番組内の各戸から集められた「竈金（かまどきん）」が用いられ、また学校を建築するための資金も番組内の有志の寄付によって賄われるなど地域の拠点施設としての役割をも担っており、町組会所をはじめ、徴税、消防、警察等の機能も併設された。
しかし、各学校の校舎は、創設期に急拵えで建設されたためわずか数年で手狭になり、建て替えられることとなった。この時期、全国的には洋風建築の校舎が目立って建てられたが、京都ではその数は少なく、現時点ではわずかに5校のみが確認されている。そのうち、最も早い時期とされるのが、1873（明治6）年に竣工した上京三十区小学校で、平屋建て土蔵造りの建物であった。同校は、1878（明治11）年には洋風意匠の講堂も建設している。
一方、この時期に建てられた校舎の設計者の多くは不明であるが、1876（明治9）年に竣工した上京二十八区小学校は、東本願寺本堂等の設計で知られる佐々木岩次郎の設計であることが判明している。同校舎も、洋風意匠で建てられているが、塔屋、2階ベランダ等が設置されていること、そして正面部の屋根の唐破風が用いられるなど和風意匠の要素も含まれているところなどに当時の京都の代表的な校舎の建築スタイルが表れている。［IY］

◆1-1資　写
番組小学校　上京二十八区小学校（後の龍池小学校）
設計：佐々木岩次郎
京都府京都市
1876（明治9）年／現存せず
2,625.48m^2／507.37m^2／ー
木造／2階／3室
校舎外観
明治時代
写真提供：京都市学校歴史博物館

◆1-2資*　写
番組小学校　上京三十区小学校（後の柳池小学校）
京都府京都市
1878（明治11）年／現存せず
講堂外観
明治時代
写真提供：京都市学校歴史博物館

◆1-3資*　写
番組小学校　上京三十区小学校（後の柳池小学校）
京都府京都市
1873（明治6）年／現存せず
校舎外観
明治時代
写真提供：川島智生

2［p.024］

旧開智学校（国指定重要文化財）
設計：立石清重
Kaichi School (National Important Cultural Property)
Tateishi Seiju
長野県松本市
1876（明治9）年
8,431.4m^2／517.0m^2／ー
木造、寄棟造、桟瓦葺、土蔵造、白漆喰大壁造、八角塔屋付／2階／32室

創建時、地元紙の『信飛新聞』に「目今日本第一等の小学校」と記された旧開智学校校舎は、現在も明治初期の「擬洋風建築」の代表作と評される。新築当初は、現存部分に12.6m×59.4mの教室棟が逆L字型に配され、児童収容数は1,300人規模であった。地元の大工棟梁立石清重は、同校の設計に先立ち、東京や横浜へ洋風建築の見学に赴き、そこで得た知識と自らの技術、経験をもとに独創性に富んだ校舎を造り上げた。特に、唐破風の下、エンゼルの校名看板と校地に隣接した寺から転用されたといわれる竜の彫刻を組み合わせた正面車寄せの意匠は、立石のオリジナリティが際立った同校の象徴ともいうべき部分である。

地域』永井理恵子、学文社、2005 年
- 『子どもに生きた人・倉橋惣三の生涯と仕事（上・下）』森上史朗、フレーベル館、2008 年
- 『教育玩具の近代——教育対象としての子どもの誕生』是澤博昭、世織書房、2009 年
- 『保育環境のデザイン　こどもの最善の利益のための環境構成』定行まり子、全国社会福祉協議会、2014 年
- 『日本の保育の歴史——子ども観と保育の歴史 150 年』汐見稔幸、松本園子、高田文子、矢治夕起、森川敦子、萌文書林、2017 年
- 『0-5 歳児、子どもの「やりたい！」が発揮される保育環境』宮里暁美監修、学研プラス、2018 年

▶遊び場

- 『現代のにわ』概成／解説：坂田導夫・田畑貞寿、文：大高正人・浜口隆一・神代雄一郎、写真撮影：二川幸夫、彰国社、1960 年
- 『子どもの遊び空間』藤本浩之輔、NHK ブックス、1974 年
- 『東京の遊園地（東京公園文庫）』内山正雄・簑茂寿太郎、郷学舎、1981 年
- 『こどものあそび環境』仙田満、筑摩書房、1984 年（増補版：鹿島出版会、2009 年）
- 『子どものための遊び環境』ロビン・ムーア他編著、鹿島出版会、1995 年
- 『日本の遊園地』橋爪紳也、講談社、2000 年
- 『子どもと空間』葉山勉編、京都精華大学創造研究所、2001 年
- 『公園の誕生』小野良平、吉川弘文館、2003 年
- 『遊びの力』大村璋子、大西宏治、齋藤啓子、首藤万千子、関戸まゆみ、萌文社、2009 年
- 『テキスト　ランドスケープデザインの歴史』武田史朗、山崎亮、長濱伸貴編著、学芸出版社、2010 年
- 『夢の黄金郷——エルドラド遊園地』練馬区立石神井公園ふるさと文化館、練馬区立石神井公園ふるさと文化館、2016 年
- 『子どもと公園と遊びの変遷展』公益財団法人東京都公園協会、公益財団法人東京都公園協会、2017 年

▶児童書出版

- 『絵本論・瀬田貞二子どもの本評論集』瀬田貞二、福音館書店、1985 年
- 『こどもパラダイス—— 1920-1930 年代 絵雑誌に見るモダン・キッズらいふ』堀江あき子、谷口朋子編、河出書房新社、2005 年
- 『「赤い鳥」と「少年倶楽部」の世界』山梨県立文学館編、山梨県立文学館、2005 年
- 『きりんの絵本』浮田要三、加藤瑞穂、倉科勇三、きりん友の会、2008 年
- 『絵が歌いだすワンダーランド　コドモノクニへようこそ』吉田公子、小林宏道編、多摩美術大学美術館、2012 年
- 『アートが絵本と出会うとき』山田志麻子編、うらわ美術館、2016 年
- 『描かれた大正モダン・キッズ：婦人之友社『子供之友』原画展』松本育子・高木佳子編、刈谷市美術館他、2016 年
- 『絵本に魅せられて』佐藤英和、こぐま社、2016 年
- 『日本の絵本 100 年の歩み展』上島史子、原島恵編、ちひろ美術館、2017 年
- 『キンダーブックの 90 年：童画と童謡でたどる子どもたちの世界』山口美佐子、本多真紀子編、印刷博物館、2017 年
- 『名編集長・加藤謙一：『少年倶楽部』から『漫画少年』へ』弘前市立郷土文学館編、弘前市立郷土文学館、2018 年

▶子どもの生活全般

- 『現代子ども大百科』平山 宗宏、高野 陽、野村 東助、森上 史朗編 、中央法規出版、1988 年
- 『少年少女ふろくコレクション——痛快懐かし付録満載』中村圭子、堀江あき子、弥生美術館編、芸神出版社、1996 年
- 『昭和こども図鑑』奥成達、ポプラ社、2001 年
- 『児童図書館のあゆみ：児童図書館研究会 50 年史』児童図書館研究会編、教育史料出版会、2004 年
- 『いま・むかし おもちゃ大博覧会（ふくろうの本）』兵庫県立歴史博物館編、河出書房新社、2004 年
- 『少女雑誌ふろくコレクション（らんぷの本）』中村圭子、外舘惠子、弥生美術館編、河出書房新社、2007 年
- 『子どもをめぐるデザインと近代——拡大する商品世界』神野由紀、世界思想社、2011 年
- 『発見！ ニッポンこども文化大百科（1）（2）（3）』上笙一郎、日本図書センター、2012 年
- 『子ども文化の現代史：遊び・メディア・サブカルチャーの奔流 』野上暁、大月書店、2015 年
- 『浮世絵にみる子どもたちの文明開化：明治維新から 150 年』村瀬可奈、福島直、曽根広美編、マンゴスティン、2017 年

主要参考文献リスト

■ 凡例

本文献リストは、近代以降の日本の子どもに関する文化に関連する単行本、作品集、展覧会カタログのうち、比較的手に入りやすいものを中心に掲載した。

特に本展の関連の深い「学校建築」「幼稚園保育園建築」「遊び場」「児童書出版」に加え、「子どもの生活全般」の各項に分類されるものを中心とした。

各項の文献の配列は、発行年月日順による。

個々の出品作家の作品集・評伝については割愛した。

表記は、書名、著編者・展覧会開催館（カタログの場合）、発行所、発行年の順に記した。展覧会に複数会場がある場合、原則として最初の館を表記した。

▶学校建築

- 『開かれた学校』長倉康彦、NHK ブックス、1973 年
- 『新建築学大系 29 学校の設計』長倉康彦、長澤悟、上
淳、小川信子、彰国社、1983 年
- 『日本の学校建築』菅野誠、文教ニュース社、1983 年
- 『建築設計資料 16 学校——小学校・中学校・高等学校』
築思潮研究所編、建築資料研究社、1987 年
- 『「開かれた学校」の計画』長倉康彦、彰国社、1993 年
- 『建築設計資料空間 子供の空間 児童施設』日本建築学
編、彰国社、1994 年
- 『建築設計資料 67 学校 2 ー小学校・中学校・高等学校』
築思潮研究所編、建築資料研究社、1998 年
- 『やればできる学校革命：夢をはぐくむ教育実践記』武藤
男、井田勝興、長澤悟、日本評論社、1998 年
- 『スクール・リボリューション——個性を育む学校』長
悟、中村勉編著、彰国社、2001 年
- 「学校建築計画事始め I～ IX」『季刊文教施設』吉武泰水
長倉康彦、長澤悟他、文教施設協会、2003～ 2006 年
- 『建築設計資料集成——教育・図書』日本建築学会編、
善、2003 年
- 『建築設計資料 103 学校 3 ——小学校・中学校・高等
校、建築思潮研究所編、建築資料研究社、2006 年
- 『学校建築ルネサンス』上野淳、鹿島出版会、2008 年
- 『吉武泰水山脈の人々』「吉武泰水山脈の人々」編集委
会、鹿島出版会、2011 年
- 『図面で見る復興小学校』復興小学校研究会編、復興小
校研究会、2014 年
- 『近代京都における小学校建築』川島智生、ミネルヴァ
房、2015 年
- 『日本の美しい学校』山崎鯛介、小林正泰、立花美緒、
クスナレッジ、2016 年
- 『学びやタイムスリップ：近代京都の学校史・美術史』京
市教育委員会京都市学校歴史博物館編、京都新聞出版セ
ター、2016 年
- 『オーラルヒストリーで読む戦後学校建築』日本建築学
編、学事出版、2017 年
- 『近代大阪の小学校建築史』川島智生、大阪大学出版会
2017 年
- 『特集 明治 150 年記念 学校建築の変遷』川島智生、長
悟、伊藤俊介、文教施設協会、2018 年

▶幼稚園保育園建築

- 『日本の幼稚園——幼児教育の歴史』上笙一郎、山崎朋子
理論社、1965 年（復刻版：筑摩書房、1994 年）
- 『幼稚園誕生：土浦幼稚園と明治期の教育玩具』土浦市博
館編、土浦市博物館発行、1998 年
- 『子供の生活と保育施設』小川信子、彰国社、2004 年
- 『近代日本幼稚園建築史研究——教育実践を支えた園舎

未来』青森県、2000（平成12）年
p.169 —— ルシアン・クロール「学校空間——その冒険と夢」『建築文化』第46巻538号、彰国社、1991（平成3）年8月
p.170 —— 藤木隆男「assistenzaする建築」『サレジオ——東京サレジオ学園 育英学院サレジオ小・中学校 聖高原サレジオの家 北田英治写真集』TOTO出版、1996（平成8）年
p.173 —— 小嶋一浩「建築の計画・都市の計画」『建築文化』通号585、彰国社、1995（平成7）年7月号
p.177 —— 青木淳『JUN AOKI COMPLETE WORKS | 3 | 』LIXIL出版、2016（平成28）年
p.179 —— 中村勉「七沢希望の丘初等学校」『新建築』第84巻7号、新建築社、2009（平成21）年6月
p.184 —— 加藤積一『ふじようちえんのひみつ』小学館、2016（平成28）年
p.198 —— TOKYO PLAY『みちあそびガイドブック』一般社団法人TOKYO PLAY、2017（平成29）年
p.199 —— 『ただのあそび場ゴジョーメ』パンフレット、2017（平成29）年

引用出典一覧

p.028 —— 田中不二麿（文部大輔）「幼稚園開設之儀再応伺」『公文録 文部省之部』学第1594号、1875（明治8）年

p.030 —— 『愛珠幼稚園百年史』大阪市立愛珠幼稚園百周年記念事業委員会、1980（昭和55）年

p.039 —— フリードリヒ・フレーベル『フレーベル全集 第四巻 幼稚園教育学』小原國芳・荘司雅子監修、荘司雅子訳、玉川大学出版部、1981（昭和56）年、16頁

p.040 —— マリア・モンテッソーリ『子どもの発見』中村勇訳、日本モンテッソーリ教育総合研究所、2003（平成15）年

p.043 —— 『風俗画報 臨時増刊号 第五回内国勧業博覧会図会 上編』第269号、東陽堂、1903（明治36）年

p.058 —— 西村伊作『我子の学校』文化生活研究会、1927（昭和2）年

p.061 —— 末田ます『児童公園』少国民文化新書2、清水書房、1942（昭和17）年

p.066 —— 福原信三「編集同人に」『オヒサマ』第1巻第1号、資生堂、1922（大正11）年

p.073 —— 「清水良雄さんのことども」『絵本論————瀬田貞二 子どもの本評論集』福音館書店、1985（昭和60）年

p.075 —— 村山知義「二十才／4 画家トムさんの誕生」『演劇的自叙伝 1』東邦出版社、1970（昭和45）年

p.077 —— 武井武雄「童画とは何ぞや」『本とその周辺』中央公論社、1975（昭和50）年

p.078 —— 「お母様方へ『コドモノクニ』編集者より」『コドモノクニ』第1集第1号、東京社、1922（大正11）年

p.096 —— 鹿野琢見（弥生美術館理事長）「『少年倶楽部』大附録の思い出」、中村圭子・堀江あき子・弥生美術館編『少年少女 ふろくコレクション——痛快懐かし付録満載』芸神出版社、1996（平成8）年

p.101 —— 長倉康彦「新しい校舎」、宮前小学校五周年記念誌編集委員会編『宮前小学校五周年記念誌』東京都目黒区立宮前小学校、1963（昭和38）年

p.104 —— 松村正恒「自然で簡素な建築をつくるに真剣だった」、内田祥哉監修『学校建築の冒険』INAX booklet vol.8 no.2、1989（平成元）年

p.108 —— 下山真司「建築をつくるとはどういうことかー14・・・・何を「描く」のか」『建築をめぐる話・・・・つくることの原点を考える』2011（平成23）年1月30日、<https://blog.goo.ne.jp/gooogami/e/d8bc32d1f6db6aec01eb106f68f27682>

p.115 —— 大谷幸夫「児童会館を設計して」『建築文化』211号、彰国社、1964（昭和39）年5月

p.121 —— 浮田要三「『きりん』の話」『きりんの絵本』きりん友の会、2008（平成20）年

p.125 —— 「こんにちわ！『ほうまんの池のカッパ』で小学館絵画賞を受賞した赤羽末吉さん（インタビュアー桃沢洋子）」『親子読書』3月号、岩崎書店、1981（昭和56）年

p.126 —— 「佐藤英和・西巻茅子対談『絵本のちから』——絵本が子どものこころを大きくするー」、西巻茅子・馬場のぼる・わかやまけん『絵本づくりのマイスター3人展：西巻茅子・馬場のぼる・わかやまけん』ギャラリーエークワッド、2014（平成26）年

p.132 —— 槇文彦「教育システムとプランニング」『新建築』第48巻1号、新建築社、1973（昭和48）年1月

p.139 —— アルコム『目黒区立宮前小学校概要』1985（昭和60）年

p.146 —— 石井桃子「まえがき」『子どもの図書館』岩波書店、1965（昭和40）年

p.148 —— 「百年もつ建物を 新館の設計者 草野光廣氏に聞く」『こどもとしょかん』第76号、東京こども図書館、1998（平成10）年

p.151 —— 菊竹清訓、竣工式のことば、黒石にて、1975（昭和50）年7月10日

p.153 —— 仙田満『人が集まる建築——環境×デザイン×こどもの研究』講談社現代新書、2016（平成28）年

p.158 —— 川村純一、斉藤浩二、戸矢晃一『建設ドキュメント1988–：イサム・ノグチとモエレ沼公園』学芸出版社、2013（平成25）年

p.160 —— 成田亨「美術とは何か」『キッズ・アートワールドあおもり2000　終わる世紀とはじまる

写真クレジット

・浅川 敏　169（pgs. 180-182）A, B, C. p. 182 上下. 169-5, 169-9.
・アーバンアーツ（写真提供：シーラカンスアンドアソシエイツ）　164-2.
・池田マサカズ（写真提供：東京子ども図書館）　144-4
・小川重雄（写真提供：プロセスアート）　149-2（p. 154）.
・大橋富夫　141（p. 142）B.
・木田勝久 Photo©Katsuhisa Kida / FOTOTECA 170（pgs. 183-185）A, C, D.
・北田英治　138（pgs. 136-137）A, B, C, 138-1, 138-2. 163（p. 170-171）A, B, C, D, 163-1, 163-7.
・栗原宏光（写真提供：江原恵明会）　140（pgs. 140-141）A, B, C. 140-1, 140-3, 140-5, 140-6.
・慶應義塾大学アート・センター＋新良太 88（p. 086）A, B, 88-3, 88-4.
・重村 力　162（p. 169）B, C, 162-3, 162-4, 162-6.
・篠沢 浩　167（p. 178）A, B, 167-2, 167-3.
・白井 亮　89（pgs. 088-089）A, C.
・新潮社写真部（写真提供：新潮社）　107（p. 109）A.
・鈴木 心（写真提供：青木淳建築計画事務所）　166（pgs. 176-177）B, C, D. 166-2, 166-4, 166-5, 166-7.
・スタジオクルー（写真提供：アーハウス編集部）　143（pgs. 150-151）A, B, C. 143-3, 143-5.
・スタジオバウハウス（写真提供：日比野設計）　172（pgs. 188-190）A, B, C, D. 172-5, pg. 190, 172-6.
・タラオ・ヒイロ・アーキテクツ　50（p. 057）A, B. 50-2, 50-3, 50-4, 50-6.
・中川敦玲（写真提供：彰国社）　162-1（p. 168）.
・長澤 悟　105（p. 108）A, B, 105-2. 107（p. 109）B, C. 141（p. 143）D, 141-5, 141-7. 161（pgs. 166-167）A, B, C, D. 161-1, 161-3, 161-4.
・並木博夫（写真提供：モエレ沼公園）　150（p. 156）A, B, C, D, 150-6.
・難波和彦　141（pgs. 142-143）, 141-4.
・西山貞子　146-1.
・畑 亮　142（p. 149）A, 144（p. 148）A, B.
・福村俊治　160（pgs. 164-165）A, B, C, D, 160-2, 160-3, 160-6.
・藤塚光政　148（p. 153）A, B, 148-2, 148-4.　171（pgs. 186-187）A, B, C, 171-3.
・古舘克明（写真提供：藤江和子アトリエ）　167-4.
・株式会社プロテック　51（p. 59）B, 51-1, 51-2, 51-4.
・堀内広治　165（pgs. 174-175）A, B, C, 165-3, 165-5.　168（p. 179）A, B, 168-1, 168-3, 168-4.
・村井 修　136（p. 132）B. 136-3, 136-7.
・山岸 剛　103（pgs. 102-103）A, B, C. 103-3.
・矢野紀行　178（pgs. 196-197）A, B. 178-3.

・©Eternal Universe　151-159.
・©1997 Estate of Madeline Gins. Reproduced with permission of the Estate of Madeline Gins. 176（p.191）, 176-2, 176-3, 176-4, 176-5
・©The Isamu Noguchi Foundation and Garden Museum / ARS, New York / JASPAR, Tokyo B0374 111（pgs. 116-117）A, B, C. 150-7, 150-8.
・Photo©Jianing Xu / http://petabo-shop. com/?mode=f3　179（p. 200）
・©Kiyonori Kikutake（株式会社情報建築 蔵）143-6, 143-7.

・本展のための図面や資料の新規撮影・複写は，株式会社千代田スタジオ（相馬徳之）がおこなった：12（p. 028）A, B. 52（p. 060）上下. 54（p. 063）B, C. 55（pgs. 064-065）A, B, C, D. 101（pgs. 100-101）A, 106（p. 110）, 145（p. 147）.

・写真提供先については，出品資料リストの記載も併せて参照されたい。

展覧会組織

［監修］
長澤 悟（東洋大学名誉教授、教育環境研究所所長）

［学芸担当］
板倉容子（青森県立美術館）／大村理恵子（パナソニック 汐留ミュージアム）

［模型新規制作］
［黒石ほるぷ子ども館］
澤田 昂明（ヌーブ）／小川華歩、田鳥沙弥、大山友秋

［トレース図面制作］
澤田昂明（ヌーブ）

［展覧会映像制作］
BS朝日

［会場構成］
太田浩史 ＋ 石島健史（ヌーブ）

［アートディレクション］
松田行正（マツダオフィス）

［翻訳］
株式会社フレーズクレーズ

［参加型プレイコーナー「ペタボーの空」制作協力］
伊東建築塾 子ども建築塾 OB・OG
兼清悠祐太／木曽野友寛／金詩温／武富零央／辰巳悠真／田村さや子／
番場美莉／松田 響／青木睦歩／新井琉月／翁涼太／久野広太郎／
進藤望美／杉保名美／中浜瑛理香／馬場一喜／古橋瑠花

［参加型プレイコーナー「ペタボーの空」制作協力サポート］
太田 浩史／山口絵莉一／坂田達郎／須貝 仁／小林友哉／武田拓之

図録制作

［ブックデザイン］
松田行正 ＋ 日向麻梨子（マツダオフィス）

［図録編集］
渡辺奈美 ＋ 川嶋 勝（鹿島出版会）／高田 明

［監修］ 長澤 悟

東洋大学名誉教授。教育環境研究所所長。工学博士。
国立教育政策研究所客員研究員。
木と建築で創造する共生社会実践研究会（A-WASS）会長。
東京大学大学院博士課程修了。
東京大学助手、日本大学工学部専任講師、助教授、教授、
東洋大学理工学部教授など歴任。専門分野は建築計画学、建築設計。
特に、教育方法の多様化に対応する学校建築計画、
学校と地域の連携等について研究すると共に、
教職員・PTA・住民・児童生徒等が参加する計画プロセスを取りながら、
全国で多くの計画・設計を行う。また、建築における
木材活用の実現プロセス等に関する研究を進めている。

主な受賞歴：2010 年（府中市立府中小学校・府中中学校）、
2008 年（坂井市立丸岡南中学校）、
2006 年（昭和町立押原小学校）にて日本建築学会作品選奨。
2000 年、日本建築学会賞［業績］（福島県三春町の一連の学校計画）。
1998 年、第 18 回福島県建築文化賞準賞（福島県棚倉町立社川小学校）。
1991 年、日本建築学会賞［作品］（浪合学校）。

主な著書：『やればできる学校革命』（共著、日本評論社、1998）、
『スクール・リボリューション』（共著、彰国社、2001）、
『建築設計資料 105 学校 3』（監修、建築思潮研究所、2006）など。

子《こ》どものための 建築《けんちく》と空《くう》間《かん》展《てん》

2019 年 1 月 15 日　第 1 刷発行
2019 年 5 月 10 日　第 2 刷発行

監修　長澤《ながさわ》 悟《さとる》

編者　パナソニック 汐留ミュージアム ＋ 青森県立美術館

発行者　坪内文生

発行所　鹿島出版会
〒 104-0028　東京都中央区八重洲 2-5-14
電話：03-6202-5200
振替：00160-2-180883

印刷　壮光舎印刷

製本　牧製本

パナソニック 汐留ミュージアムは、2019 年 4 月 1 日付けで、
名称をパナソニック汐留美術館（Panasonic Shiodome Museum of Art）に変更しました。

ISBN 978-4-306-04672-6 C3052

本書の内容に関するご意見・ご感想は下記までお寄せ下さい。
URL：http://www.kajima-publishing.co.jp/
e-mail：info@kajima-publishing.co.jp